www.tredition.de

Wenn dieses Buch auch nur einem Menschen hilft,
habe ich ALLES richtig gemacht!

An dieser Stelle möchte ich mich bei all den Menschen bedanken, die mir geholfen haben meine inneren Dämonen zu erkennen und zu entsorgen.

Meiner Lebensgefährtin und Freundin Ela und ihrer Tochter Jenni gebührt besonderer Dank. Ohne euch gäbe es mich vermutlich nicht mehr.

Ich danke auch meiner Schwester Marina, die mich seit 25 Jahren begleitet und auf ihre ganz persönliche Art mein Anker im Leben ist.

Meinem ältesten Freund Matthias, der immer an meiner Seite blieb, egal wie sehr wir uns zofften.

Meinem Therapeuten Roland Rustemeyer, der „nur" seinen Job machte. Ich wünschte, es gäbe mehr Menschen wie ihn!

Meiner Körpertherapeutin Jutta Bettighofer, die mir im „Körperwerk Berlin" einige Blockaden löste und Frieden schenkte.

Natürlich danke ich auch noch ganz vielen anderen Menschen, die ich hier aus Platzmangel nicht erwähnen kann!

DANKE!

Chrille G.

Der barfuß durch die Hölle ging …

Schnell mal gelebt,
schnell erzählt …

www.tredition.de

© 2013 Chrille G.

Umschlaggestaltung, Illustration von Chrille G.
Lektorat: www.ghostwriter-berlin.de

Verlag: tredition GmbH, Hamburg
ISBN: 978-3-8495-7078-1
Printed in Germany

Schnell mal gelebt,
schnell erzählt ...

Lieber Leser,

ich möchte Sie einladen, auf den folgenden Seiten etwas über meine persönlichen Erlebnisse zu erfahren. Es ist eine Einladung zum Nachdenken über den Umgang mit Menschen. Es ist eine Geschichte über menschliche Abgründe. Das hier schreibe ich für MICH. Vielleicht wird es mal publiziert, aber das ist nicht wichtig. Wichtig ist, dass hier auch mal gejammert und geheult wird, ebenso gemotzt, gekotzt und gepöbelt, denn es ist **meine** Geschichte. Sie erzählt von einem Kind der Dunkelheit, auf der Suche nach dem Licht! Es geht nicht um Rache, nur um Wahrheit, einen Arsch voller Schmerzen und Angst. Und Freiheit!

Prolog

Ich hab was verloren
auf meinem Weg hierher.
Ich glaub es wurd mir gestohlen,
jedenfalls fehlt es mir sehr.
Jemand hält es gefangen und ahnt nicht,
von welchem Wert es ist.
Ich muss mich entspannen,
will, dass der Schmerz nachlässt.
(Moses Pelham - Wenn der Schmerz nachlässt - Ge-
teiltes Leid 3)

Gestern war ich ein erfolgreicher IT-Dozent, von seinen Teilnehmern geachtet, Autodidakt und mit schneller Auffassungsgabe „gesegnet".

Consulting und Projektarbeit, kein Thema. Guter Job, gutes Geld, tolle Frau, tolles Kind, tolle Familie, tolles Leben.

Doch wer hoch fliegt ...

Das war gestern. Heute bin ich seit einem Jahr krankgeschrieben: Burnout, Depression. Heute habe ich Angst vor Menschen.

Heute erkenne ich mehr und mehr, dass vieles gar nicht so toll war!

Erfolg ist freiwillig! Na klar! Und der Preis ...? Heute schreibe ich: WEIL ICH WIEDER LEBEN WILL! Aber der Hammer kommt erst noch. Das alles musste passieren, damit ich endlich sehe, was ist. Auch wenn ich vieles inszeniert bzw. unterstützt habe, bin ich lediglich dem Drehbuch eines anderen gefolgt. Von wegen selbstbestimmt. Bedingt stimmt das, doch in vielen Bereichen greift die „Programmierung" der Eltern. Wir reagieren oft genau so, wie es uns vorgelebt wurde. Dabei spielen Nähe und Gefühl von Zugehörigkeit eine große Rolle. Ein Neugeborenes, das keine Zuwendung erhält, kein Gefühl von Annahme und Zugehörigkeit, stirbt in der Regel. Doch was wird aus Neugeborenen, denen unterschwelliger Hass entgegengebracht wird, die nach vier Wochen bereits tagsüber in Obhut gegeben wurden und nach wenigen Monaten in ein anderes Land gingen, ohne die Mutter oder den Vater?

Was wird aus einem Kind, das nach dreieinhalb Jahren aus dem Umfeld seiner Familie gerissen wird, um bei einer Frau zu leben, die es gar nicht kennt?

Los geht`s, ich erfahre die Welt

Voller „Stolz" erzählt SIE noch heute, wie SIE bereits 4 Wochen nach der Entbindung voll arbeiten war, weil mein Vater SIE mit 15.000 DM Schulden und einer leeren Wohnung sitzen gelassen hat. Oma war mit einem Touristenvisum in Berlin und passte auf mich auf. Mit wenigen Monaten nahm mich meine Oma dann mit nach Jugoslawien, wo ich die nächsten drei Jahre lebte. Die Schwester meiner Mutter war frisch verheiratet und alle im Ort dachten ich wäre ihr Kind. Dort war ich umgeben von meiner Oma, der Mutter meines Onkels, ihrem Lebensgefährten, Onkel, Tanten und auch Kindern in meinem Alter.

Mit dreieinhalb Jahren holte mich meine Mutter wieder nach Deutschland. Ich weiß bis heute nicht, warum. Ich erinnere mich genau daran, dass die Wohnung noch immer größtenteils leer war und die Möbel uralt waren. Die hatte SIE von unserer Hauseigentümerin bekommen, ebenso wie Decken und

Sonstiges. Heute gehe ich davon aus, dass es einen Streit gab und SIE mich aus Trotz zurückgeholt hat, um zu beweisen, wer das Sagen hat, denn finanziell und materiell ging es ihr dadurch nicht besser. Wir waren sehr oft bei Bekannten zum Putzen oder Haare machen und ich schlief regelmäßig bei Freunden von IHR, während SIE unterwegs war.

Wie ich so etwas von meiner eigenen Mutter denken kann?

Nun, es passt in IHR Verhaltensmuster und zu IHREM Wesen. Was aus einem Kind mit solchen Erlebnissen wird, weiß ich nicht, aber ich weiß, was aus mir wurde. Meine ersten Bilder im Kopf sind schöne Bilder. Ich spielte in der Küche der Schwiegermutter meiner Tante mit meinem Kipplaster. Kuma (Schwiegermutter wurde von mir so genannt) wuselte durch die Küche. Ihr Lebensgefährte baute mit mir ein Holzschwert und erklärte mir Werkzeuge und die Wichtigkeit von Ordnung in der Werkstatt. Kuma kümmerte sich um meinen verletzten Finger, nachdem mich eine Biene gestochen hatte. An diese Bilder denke ich gerne, denn sie geben mir das Gefühl von Wärme und Geborgenheit. An spätere Bilder erinnere ich mich nicht mehr so gerne. Zum Beispiel an mein blutendes Ohr, nachdem „Mama" mir eine Ohrfeige gegeben hatte. Blöd nur, dass in ihrer Hand noch das Brotmesser war.

War ja meine Schuld, schließlich hatte sie mir verboten auf den Küchenschränken herumzuklettern. Schmerzen in der Hand, eine Brandblase, Geschrei und das wutverzerrte Gesicht von „Mama". Woher sollte ich denn wissen, dass aus der Steckdose keine Erdbeeren kommen, wenn man da die Metallachsen seines Kipplasters hineinsteckt? Ich war erst vier! Und ich war schuld. Es war auch meine Schuld, dass ich aufgewacht bin, während SIE irgendwo putzen war und Angst hatte. Welch heldenhafte Leistung es für mich war, durch den dunklen Flur ins Wohnzimmer zu kommen und bei der Polizei anzurufen. Mit dem Polizisten am Telefon gelang es mir, im Flur das Licht anzuschalten. Allein zog ich mich an und wartete auf die Polizei, als SIE nach Hause kam. Ich weiß nur noch, dass der Ärger groß war, nachdem die Polizisten weg waren. Ich war vier und heute erzählt SIE, ich wäre gelangweilt gewesen ... AUA!

Nachdem ich SIE mit Kabelbindern an den Stuhl gebunden habe, biege ich mir aus einem Drahtbügel das Wort LÜGNERIN. Glühend heiß presse ich ihn auf IHRE Stirn mit den Worten: Ich mache das nur, weil mir langweilig ist!

Fußnägel schneiden ist für kleine Kinder meist ein Graus. So war das auch für mich. Natürlich tat es nicht weh, aber es war unangenehm und kalt und ich hatte Angst. Natürlich weinte ich und schrie: grundlos, wie SIE fand. Also bekam ich einen Grund, in Form von erzieherischen „Klapsen". Es gab Affären, doch bekam ich nur eine mit: Jürgen. Einmal nahm SIE mich mit zu ihm, um dort zu übernachten. Ich schlief im Wohnzimmer auf der Couch. Als ich am Morgen erwachte, war mir langweilig. Da die beiden noch schliefen und die Tür zu war, spielte ich Raumschiffpilot an der Stereoanlage. Ja es wurde laut und schmerzhaft. Und da ich ja schuld an dem Streit zwischen den beiden war und somit die Trennung verursachte.

Du hast mein Vertrauen missbraucht, meine Liebe verachtet, meine Seele gequält, mein Ich vernichtet ... auf die Hornhaut im Auge tätowiert, auf das SIE es in jedem wachen Moment sehen muss!

Ich hatte schnell Deutsch gelernt und Freunde gefunden. Im Haus lebte eine Freundin. Eine Etage unter uns im Erdgeschoss. Sie lebte dort mit ihrem Vater, und der hatte im Schlafzimmer eine Zwischendecke eingezogen, die stabil genug war, um uns als Spielzimmer zu dienen. Dort war ich gern und oft. Sie zogen weg und ich habe nie wieder von ihr gehört.
Wieder eine Freundin weg ...

„Wenn ich groß bin, bringe ich meinen Vater um!" Und das aus dem Mund eines vier- bis fünfjährigen Kindes. Das sagt alles über die Erzählungen der alleinerziehenden Mutter vom Vater, oder?

Heute will ich nur dein Blut an meinen Händen sehen, liebe Mutter. Aber nicht schnell, sondern ganz langsam sollst du gehen!

Ja, es stimmt! Er hat mich gezeugt und SIE kurze Zeit später verlassen. Er hat IHR sogar 15.000 DM Schulden hinterlassen und die Wohnung leergeräumt. Das hat er alles getan. Mit 22 lernte ich ihn kennen, mit 24 haben wir uns zerstritten. Heute verstehe ich, warum. SIE hat jedoch nie erwähnt, welchen Beitrag SIE geleistet hat, damit in meinem Vater der Wunsch nach Flucht immer stärker wurde.

Ich weiß es, kenne zumindest von beiden Seiten die Wahrnehmung des Vorfalls. Da auch ich vor IHR geflohen bin, kann ich ihn verstehen. Ich wäre auch nicht geblieben. Aber so, wie er es getan hat, wäre ich nicht gegangen. Das war rückgratlos. Aber das ist sein Ding, damit muss er leben. Und dank meiner Mutter ist dies ein Brandzeichen, mit dem ich heute noch leben muss. Ihn konnte SIE ja nicht mehr „bestrafen", also übertrug SIE ihre Wut auf mich. Und so erbte ich die Sünden meines Vaters und durfte fortan dafür büßen.

Ist ja nicht so toll gelaufen ...

Was wird aus jemandem, der mit solchen Erinnerungen leben muss? Was passiert im Kopf, wenn aus Zuneigung und Förderung plötzlich Ablehnung und Forderung werden? Wie reagieren Sie (liebe Leser), wenn alles, was gut und richtig war, plötzlich schlecht und falsch ist? Man wird wütend.

Hey, nicht vergessen, es geht um ein Kleinkind von unter 6 Jahren. Da sind Wut, Bock, Trampelzorn die häufigsten Reaktionen, wenn es etwas nicht versteht oder anders haben will.

Und was passiert, wenn es diese Wut niemals zeigen darf? Wenn auch nur der Ansatz von körperlicher Gewalt unterdrückt wird?
Es kommt die Angst.
Meine Freunde in dieser Zeit waren im Kindergarten. Danach war ich allein mit IHR, oder ich musste SIE zu irgendwelchen Putzjobs oder zum Friseur begleiten. In dieser Zeit musste ich ein bestimmtes Verhalten an den

Tag legen, um „liebenswert" zu sein. Abweichungen bedeuteten, der schlimmste Abschaum zu sein. Der äußerliche Schein war wichtig: „Was wohl die Nachbarn sagen?"

Da beginnt man zu verzweifeln.

„Ich will doch nur nach Hause!", das war der häufigste Gedanke meines Lebens, gefolgt von: „Aber ich weiß nicht, wo das ist." Ich kannte es anders, ich hatte es anders! Doch was war passiert? Warum wurde ich von Gott bestraft? Warum durfte ich nicht mehr Ich sein?

Es gibt noch viele Beispiele aus dieser Zeit, die meine Wut, meine Angst und meine Verzweiflung belegen.

Doch das größte „Geschenk" war die Einsamkeit. Auch heute fühle ich mich selbst unter Freunden einsam. Auch heute tue ich zu viel dafür, eine „Familie" zu haben und vergesse dabei mich selbst. Ich stecke zurück, bis ich nicht mehr kann, und baue dann Mist oder laufe weg. Meine Wünsche, Sorgen und Nöte durfte ich nie äußern. Und tat ich es doch, wurden sie als *Pillepalle* abgetan – was mir lieber war, als für solch „böse" Gedanken bestraft zu werden. Das habe ich als Basis auf meinen Lebensweg mitbekommen. Damit wurde ich eingeschult.

Und mit der Einschulung zog mein damals bester Freund weg. Klar hatte ich noch andere Freunde, doch das war die zweite Bezugsperson, die innerhalb eines Jahres „verschwand", so wie damals „meine Familie". Aber da diese Aussage ja so nicht richtig ist, war sie damals wie heute auch nicht wichtig! Am wichtigsten war immer, der „Mama" keine Schande zu bereiten. Nur das zählte. Daran habe ich auch immer gedacht – naja, ich hab`s jedenfalls auf dem Weg zum Kindergarten, zur Schule oder auf dem Heimweg versucht. Aber in der Schule oder im Kindergarten war dann wieder alles anders als zu Hause. Da sollte ich wieder forschen und toben und spielen und Fragen stellen. Da war man wieder für mich da, wenn ich mir wehtat oder mich jemand geärgert hatte. Da wurden meine Sorgen plötzlich wieder ernst genommen. Da war wieder meine Familie!

Je weniger ich zu Hause sein musste, desto besser fühlte ich mich. Ich ging sogar nachmittags gerne in die jugoslawische Schule und am Sonntag zum Religionsunterricht. IHR war es recht und wir kamen klar. Die Grande-Dame und ihr wohlerzogenes Kind, mit dem SIE prahlen konnte oder dessen Schandtaten immer Gesprächsstoff lieferten.

Dann kam die Silvesterfeier im Festsaal der kroatischen Gemeindekirche und mit ihr der Mann, der 12 Jahre bei uns wohnen, meine Halbschwester zeugen und unser aller Leben noch mehr zur Hölle machen sollte, als SIE es schon tat. Mit IHM kamen seine beiden Kinder: ein Stiefbruder, der 10 Jahre älter war, und eine Stiefschwester, die 4 Jahre älter war als ich.

Ich war acht Jahre alt und bisher ohne Vater aufgewachsen. In den ersten beiden Jahren bemühte er sich sehr um mich und wurde zu meinem Vertrauten, dachte ich zumindest. Heute sehe ich, dass bereits in den ersten beiden Jahren das Verhalten, welches auch meine Mutter gezeigt hat, sein Antrieb war. Er war nur nicht so schnell beim Zuschlagen und Beleidigen. Doch dies änderte sich als ich 10 war. Plötzlich waren da zwei „Monster", die ich zu lieben hatte, obwohl tiefer Hass in mir brodelte. Doch was sollte ich machen? Wo sollte ich denn hin? Heute bin ich froh nicht ins Heim geflohen zu sein, wenn ich von Missbrauch lese. Diese Art Missbrauch blieb mir glücklicherweise erspart. Ich war „nur" ein verbaler physischer Punchingball für zwei Menschen, die mit ihrem eigenen Leben überfordert gewesen sind. Dieser Gedanke kam mir einmal mit 11 oder 12 Jahren, als ich vor dem Spiegel stand und in das Gesicht eines Fremden sah. „Wer bin ich? Ich will doch nur nach Hause!", dachte ich damals bei mir.

 Ein Beispiel: Ich bin 14 und putze im Flur vor der Küche den Kinderwagen meiner Halbschwester. Meine Mutter bereitet in der Küche das Essen zu. Mein Stiefvater ist ebenfalls im Flur und hat keine Einsicht in die Küche. Plötzlich ertönt aus der Küche ein Klirren und SIE zieht ihren Atem zischend zwischen die Zähne. Bevor ich mich umdrehen konnte, stand ER neben mir und schlug und trat auf mich ein. Die Erklärung dafür: Ich war ein regelrechtes Arschlochkind, ein Gangster, ohne Gehorsam, eine Schande für die Familie! Diesen Satz habe ich als Erklärung für den Vorfall hören dürfen. Heute heißt es: „Das stimmt alles nicht! Ist nie passiert!"

Und meine Faust schießt vor und zertrümmert IHRE Nase, während ich SIE anlächel und sage: Wieso schreist du? Ist doch nie passiert!

Wie gesagt, ich war 14, man hatte mich zweimal beim Ladendiebstahl erwischt: mit 10 und mit 11 Jahren. Ich hatte mit dem Taschenmesser ein „YU" in die Treppe geschnitzt, mir wurden bereits 2 Fahrräder geklaut und ich hatte einmal meinen Schlüssel verloren. Ich wurde mehrfach verprügelt und habe mich auch zweimal in der Schule gewehrt, worauf meine Mutter zur Direktorin musste. Ich kam einmal eine halbe Stunde zu spät (nach den Prügeln nie wieder), hatte mit dem Luftgewehr unser Wohnzimmerfenster zerschossen und mein Tae-Kwon-Do geschwänzt. Dass ich versuchte jede dieser Sünden zu vertuschen, habe ich lange Zeit nicht verstanden. – Heute schon!

Auf der anderen Seite war ich auch ein guter Schüler, setzte mich immer für die Schwächeren ein. Ich half im Haushalt: Abwaschen, Abtrocknen, Müll entsorgen, Einkaufen (mit 12 habe ich 12 Liter Wasser und 12 Liter Milch nebst Einkauf von Aldi nach Hause geschleppt, ohne Hilfsmittel Ich hatte keine Lust dreimal zu laufen), Staubwischen und -saugen, Bügeln, Heizen, Öfen reinigen.

Und im Sommer hieß es immer: Holz machen. Das bedeutete, wenn ER mit Holz von der Baustelle kam, verbrachte ich die nächsten Tage im Keller, um es mit der Kettensäge und der Axt zu zerkleinern und zu stapeln, während meine Klassenkameraden im Schwimmbad waren. Im Winter musste ich Kohlen holen, entweder alle zwei Tage die kleinen Pakete oder zweimal im Monat die großen. Die gab es nur beim Kohlenhändler am Bahnhof, aber mit 12 war ich kräftig genug, um zwei 25-Kilo-Pakete tragen zu können.

Doch obwohl ich meine Pflichten hatte und auch erfüllte, war das für die beiden nie genug. Ich war unzuverlässig, schlampig und faul. Das waren die Aussagen, die ich täglich zu hören bekam.

Natürlich erinnere ich mich auch an andere Taten: Ich liege bereits im Bett und schlafe seit ca. 21 Uhr. Gegen Mitternacht geht das Licht an, ER steht in meinem Zimmer, beginnt die Schränke zu öffnen und mich anzubrüllen, was für eine Drecksau ich sei.

An dem Tag hatte meine Mutter bei der Mappenkontrolle eine faule Stulle gefunden, mich dafür richtig rundge-

macht und mir Extraaufgaben aufge-
brummt.

Doch dies war IHM offenbar nicht genug, denn meine Schubladen wurden
herausgezogen, ausgekippt und mehr
als die Hälfte meiner Schränke einfach mit dem Arm leergeräumt und auf
dem Boden verstreut. Natürlich durfte
ich erst schlafen gehen, wenn alles
aufgeräumt war.

Und während meine Eltern schliefen,
räumte ich weinend das Schlachtfeld
auf. Begründet wurde das z. B. mit
der Tatsache, dass ich in den Ferien
meine Aufgaben nicht fertig hatte,
bevor meine Eltern von der Arbeit kamen. Welches Kind macht das nicht?
Ich kannte keinen, der so viel zu tun
hatte.

Und selbst wenn jemand aus meinem
Umfeld seine Aufgaben erst nachmittags oder abends erledigte, gab es
maximal „Mecker". Bei mir gab es Ohrfeigen!

Ich sollte seinen Wagen für 5 DM die
Stunde waschen. Klar wollte ich mir
was dazu verdienen, mein Taschengeld

für den Monat entsprach dem Taschengeld einer Woche unseres ärmsten
Klassenkameraden. Also gab ich mir
große Mühe. Ich wusch, polierte und
saugte den Wagen. Es war ein Rundum-
sorglos-Paket. Ich trödelte nicht,
doch zum Ende meiner Waschaktion kamen meine Freunde und fragten, wann
ich fertig sei. Dabei beging ich den
Fehler, mich 15 Minuten mit ihnen zu
unterhalten. Es waren exakt 15 Minuten, ich hatte auf die Uhr gesehen.
Ich war fast fertig und meinte zu ihnen, dass ich in einer guten Stunde
auf dem Spielplatz sei. Leider hatte
ich nicht mitbekommen, dass ER uns
beobachtet hatte. Als ich nach mehr
als drei Stunden fertig war, räumte
ich alles auf, reinigte die Schwämme
und Lappen und ging zu IHM.

Ich war so fair und sagte, ich hätte
zweieinhalb Stunden für`s Waschen &
Saugen gebraucht – ich hab nicht mal
versucht zu bescheißen.

„Für wie blöd hältst du mich? Ich
hab doch gesehen, wie du mit deinen

Kumpels geredet hast!" – PENG! Ohrfeige.

Meine Erklärungsversuche wurden als Lügen abgetan, obwohl selbst meine Mutter sagte, dass ich wirklich fast dreieinhalb Stunden unten war. Danach wurde das Auto akribisch untersucht, jeder Fussel und Krümel wurde bemängelt, und am Ende hieß es: „Dafür hast du höchstens eine Stunde gebraucht!" Ich bekam 5 DM für drei Stunden Arbeit, obwohl mir 15 zugestanden hätten. Auf den Spielplatz durfte ich natürlich nicht mehr, weil ich ja versucht hatte, meine Eltern zu betrügen.

Ich war auch immer der Laufbursche: Meine Mutter vergisst ihre Handtasche beim Italiener, es fiel ihr zu Hause auf, weil sie nicht aufschließen konnte. Raten Sie mal, wie die Tasche vom Italiener nach Hause kam? Nein, ER fuhr nicht schnell mit dem Auto in 10 Minuten hin. Ich fuhr 40 Minuten mit der BVG hin und zurück!

Der gute Ruf war immer das Wichtigste! Bei meinem ersten Ladendiebstahl war die Tat an sich ein Thema von maximal 3 Minuten. Die Tatsache, dass ich von der Polizei nach Hause gebracht worden war, hält sich bis heute. – Der Knaller kommt aber noch: Der Ruf war also entscheidend. Ich frage mich jedoch, warum meine sogenannten Untaten jedem aufgetischt wurden? Im Ernst, wenn SIE und ER neue Leute kennenlernten, wurde zuerst angegeben, wie toll ich in der Schule war. Und wie gut mein Benehmen war, sah ja jeder: Ich sprach meist nur, wenn ich etwas gefragt wurde, und hielt mich ansonsten ruhig im Hintergrund. Und wenn ich etwas wollte, wartete ich mit meinen Fragen meist einen günstigen Moment ab, denn ich hatte gelernt, was passieren kann, wenn ich mich anders verhielt. Es ging bei diesem „Lob" jedoch nicht wirklich um mich, nein, man schmückte sich mit fremden Federn. Meine Leistungen waren Maßstab der Qualität IHRER Erziehung, lächerlich!

So lernte ich meine Tränen hinter einem Lächeln zu verstecken.

Wenn man sich jedoch bereits ein wenig kannte, dann kamen immer die Storys auf den Tisch, die man selbst nicht gern hören wollte. Zum einen hatte ich meine Strafen bereits mehrfach verbüßt und zum anderen, wie soll ich denn etwas anderes werden können, wenn IHR mich bereits in eine Schublade gesteckt habt?

Das Schlimmste war die Scham. Ich schämte mich, doch nicht für meine Taten, ich wusste nicht einmal wofür. Heute vermute ich, dass ich mich für meine Eltern geschämt habe. Sich als gute Eltern darstellen zu wollen und dazu das Kind als Prellbock zu nutzen, macht irgendwie keinen Sinn, aber das ist nur meine Meinung. Und wann immer sich Menschen/Freunde von den beiden trennten, waren die anderen dumm, faul, hinterlistig oder was-weiß-ich-nicht-alles. Auf jeden Fall aber waren sie schuld! Und das, obwohl ER mir beibrachte, immer zuerst vor der eigenen Haustür zu kehren, bevor man bei den Nachbarn guckt.

Auf der Suche nach Hilfe ...

Es wollte ja auch nie jemand wirklich wissen, warum ich all das gemacht habe. Ja, es war auch Übermut dabei, keine Frage. Es war aber auch ein Weg, meiner Wut Raum zu geben.

Und ich war wegen so vielem wütend. Ich war zum Beispiel der Einzige, der die Klamotten seiner Geschwister auftragen musste. Ich musste mir meine Wünsche „verdienen" und bekam sie meist doch nicht erfüllt, weil ich ja so ein böses Kind war. Ich durfte zusehen, wie ER SIE mehrfach verprügelte.

Ich durfte keine Freunde zu Hause empfangen und musste immer fragen, ob ich raus darf, was meistens verneint wurde. Ich war viel allein in meinem Zimmer, weil ich wusste: Wenn ich nicht da bin, kann mir nix passieren! Ich weinte viel, doch immer nur leise, denn auf die Gespräche hatte ich wirklich keine Lust. Am Ende war doch sowieso wieder alles meine Schuld!

Wie soll man denn damit klarkommen? Wie soll ein Kind das begreifen, wenn es mit ansehen muss, wie seine Mutter verprügelt wird?

SIE hat es durch Beleidigungen und Drohungen provoziert. Und verprügelt bedeutet nicht, dass SIE sich nicht zu wehren wusste. Zwei *Rhinozerosse* im Zweikampf in einer Berliner 2,5-Zimmer-Wohnung. Das trifft es eher. Danach waren immer irgendwelche Sachen kaputt.

Aber wehe ich zerbrach beim Abwaschen mal einen Teller oder ein Glas! Doch nicht nur hier erlebte ich häusliche Gewalt.

Der Zwillingsbruder meiner Mutter lebte bei meiner Oma. Angeblich war er in der Studienzeit auf Droge hängen geblieben und galt als schizophren. Er war Maler, liebte Rockmusik und schlief gern länger. Ich bin kein Kunstkritiker, doch ich weiß, dass er verdammt gut war. Seine Bilder beeindrucken und vermitteln etwas ... Ist schwer in Worte zu fassen. – Oma ging mit den Hühnern ins Bett und stand sogar vor ihnen auf. Sie kümmerte sich seit 5 Uhr in der Früh um ihren kleinen Hof. Als Erstes wurden die Tiere versorgt, dann wurde gefrühstückt und dann ging es in den Garten oder aufs Feld. Der Reibungspunkt ist offensichtlich, oder? Als Zwillingsbruder besaß mein Onkel ebenfalls ein aufbrausendes Temperament, und so kam es oft zu lautstarken Wortgefechten. Es kam nicht oft in meinem Beisein vor, doch ich weiß noch, wie die Lippe von Oma blutete, nachdem mein Onkel ihr eine Ohrfeige verpasst hatte. – Und wieder stand ich hilflos daneben und musste zusehen. Ich konnte doch nichts machen. Ich hatte Angst! Ich war ein feiger Enkel/Sohn, der zusah, aber nicht eingriff. Dieser Konflikt klebte an mir, er lähmte mich regelrecht. Ich habe sehr lange gebraucht, um zu begreifen, dass es keinen Unterschied gemacht hätte. Weder bei Oma noch bei IHR! Oma hätte sich selbst fertiggemacht, wenn mir etwas passiert wäre. SIE hätte mich vermutlich angeschrien und mir noch eine geknallt, und es wäre natürlich direkt wieder meine Schuld gewesen. Wie soll ein Kind das erfassen oder damit umgehen, wenn bereits ein Erwachsener keine Worte dafür findet? Wie soll ein Kind wachsen, wenn es das Leben als Last wahrnimmt? Ein Kind kann nur das wiederholen, was ihm vorgelebt wird. – Ja, ich kannte es anders, doch das war nicht mehr erreichbar. Und das, was ich hatte, bedeutete, für Fehler beschimpft, geschlagen und bestraft zu werden.

Was blieb mir als Alternative? Ich wollte die bestrafen, die mich schlecht behandelten, aber direkt ging das ja nicht. Abhauen ging ebenfalls nicht. Und obwohl Selbstmord verlockend war, in die Hölle wollte ich auch nicht. Ich war abhängig und sah keinen Ausweg. Und so begann meine Wut, die mir zwar immer Kraft gab, zu meinem Feind zu werden. Aber sie wandte sich auch gegen mich.

Ich wandte sie gegen mich! Ich hatte ständig blutige Finger durch Nägel-

kauen, hatte Magenkrämpfe und Kopfschmerzen, aber nur selten beging ich
den Fehler dies offen zu zeigen. Es
war ohne Spott schon schlimm genug.
Doch wenn ER oder SIE mal was hatte,
dann ging es los: hol mal dies, bring
mal das, mach mal jenes und wehe du
bist nicht leise! Heute weiß ich,
dass ich nicht nur meine Eltern damit
bestraft habe, sondern primär auch
mich selbst. Und ich habe bestimmt
auch nicht alle Verfehlungen erzählt,
es sind lediglich jene, die ich noch
vor 7 Jahren zu hören bekam. Ja tatsächlich, mir wurde das noch als 30-
Jährigem vorgeworfen. – Ist ja erst
20 Jahre her.

Durch diese Erfahrungen und den
Schulwechsel in der siebten Klasse
verlor ich erstmal jeglichen Halt.
Schon wieder waren die meisten meiner
Freunde weg. Schon wieder kannte ich
keinen. In einer Traumwelt (Computer-
spiele), in der ich endlich mal gesehen wurde, in der ich auch mal der
Held sein und Lob und Lorbeer ernten
durfte, fand ich meinen Halt. Darin

war ich gut, da bekam ich Lob und Anerkennung, ohne den obligatorischen
Arschtritt. Ich wollte keine Menschen
an mich heranlassen: Entweder ficken
die mich oder sind sowieso wieder
weg! Mit meiner Wut schaffte ich es,
mich in eine Aura von Arroganz und
Aggressivität zu hüllen, die ich nur
für sehr wenige Menschen öffnen wollte. Doch irgendwann konnte ich auch
das nicht mehr. – Bis Nina kam!

Sommer 88, meine Schwester wird geboren. Und als ich die Kleine kurz nach
der Geburt sah, wusste ich, dass ich
jeden Preis zahlen würde, um sie vor
der Hölle unseres Heims zu schützen.
Von dem Tag an lebte ich wieder, wenn
auch nicht für mich. Das vergrößerte
meine Pflichten natürlich und damit
auch den Frust, doch bekam Nina ihn
nie ab. Ich wusste, dass ich der Einzige bin, der ihr die Liebe geben
kann, die sie braucht. Zu ihrem 20.
Geburtstag hat sie sich dafür bedankt, mich als Mutter und Vater und
vor allem besten Freund bezeichnet.

Bedankt hat sie sich schon immer, indem sie ihren Weg ging und sich nicht unterkriegen ließ. Ich war ihr Schild und Bulldozer. Sie war mein Lebensmut und meine Lebensfreude.

Wie erwähnt, stieg der Frustpegel. Mit jedem Fehlverhalten der „Alten" wuchs der Wunsch nach Flucht, Freitod oder deren Vernichtung.

Ohne solchen Abschaum ist die Welt ein besserer Ort!

Den Höhepunkt meiner Einsamkeit und meines Hasses hatte ich bereits mit zwölf Jahren erfahren, als ich mit dem Bus in den Urlaub fahren durfte. Doch statt beider Monster kam nur ER nach. Und ER war stinksauer, was ich auch zu spüren bekam. Warum ER so wütend war? ER durfte den gesamten Urlaub die Verantwortung für mich tragen, da SIE zu ihrem Bruder nach Australien geflogen war. Ich wusste davon ebenso wenig wie ER, was ihn allerdings nicht daran hinderte mich entspannt zu ignorieren. Das war mir egal, ich war bei meiner Oma und Tante und es ging mir gut. Zumindest bis ich mit 41 Fieber und einer schlimmen Mandelentzündung ins Krankenhaus gebracht wurde. Dort hing ich drei Tage am Tropf und bekam 11 Tage lang täglich eine sehr „sanfte" Spritze ins Gesäß. Da das Krankenhaus in Zagreb war, konnten mich weder meine Oma noch meine Tante regelmäßig besuchen, und von IHM bekam ich glücklicherweise auch nur selten etwas zu sehen/hören – allerdings immer noch sehr viel mehr als von der Frau, die sich als Mutter bezeichnet.

Der Tod wäre eine Erlösung! Lebt mit EUREM Gewissen, spätestens 5 Minuten vor dem Exitus wird es sich melden und EUCH besser bestrafen, als ich das je gekonnt hätte!

Jetzt erst recht ...

Mit 14 habe ich zum ersten Mal meine Mutter geschlagen. Ich bin nicht Stolz darauf! Doch ich bereue es auch nicht mehr!

Ich sollte mal wieder Prügel beziehen. Diesmal, weil ich Skateboard gefahren bin. Das Board hatte ich mir zusammengespart und ich fuhr bereits seit Monaten unbemerkt. An diesem Abend kam ich jedoch zerschunden nach Hause. Ich war böse gestürzt und über den Asphalt gerutscht. Hemd und Hose waren kaputt. Dafür gab es Ärger, für das Geld, das schon wieder für meine Kleidung ausgegeben werden musste und weil ich das Verbot missachtet und den Teppich vollgeblutet habe. Meine Wunden waren egal. Da ich inzwischen aber genauso groß oder größer noch als meine Stiefgeschwister war, konnte ich deren Kleidung nicht mehr auftragen. – Wir sprechen hier nicht von Markenklamotten. Trotz mehr als 6.000 DM monatlich wurde das gekauft, was preiswert ist. Das verstehe ich auch als sinnvoll, wenn die Klamotten nach

3-6 Monaten nicht mehr passen. Ich verstehe jedoch nicht den Terror um das Geld. Ich habe das Gebrüll und die Ohrfeigen hingenommen, ich kannte es ja nicht anders. Doch als SIE mit dem Telefon (mit Wählscheibe) auf mich losging und ER mich von hinten festhielt, konnte ich nicht anders als zuzutreten. Ich wusste, dass es dadurch nur schlimmer werden würde, aber in diesem Moment fühlte es sich gut und richtig an. Ich wurde oft mit Gegenständen verprügelt, meist mit dem Gürtel auf den Hintern. ER war immer bemüht dahin zu schlagen und so zu schlagen, dass man nix sieht. SIE schlug mit allem zu, was gerade greifbar war: Schürhaken, Axt, Bügeleisen, Gürtelschnalle. Im Haushalt gab es viele gefährliche Dinge. In IHREN Händen wurden selbst Kunststoffkleiderbügel zur Waffe.

Zwischen IHR und meiner Stiefschwester existierte vom ersten Moment an nur Hass. Die Stiefschwester ist früh nach Italien gezogen, was für alle Beteiligten das Beste war. Als Nina geboren war, kam sie zu Besuch, schließlich wollte sie ihre Schwester auch mal sehen. Ich war allein mit den drei „Frauen". Es kam natürlich wieder zum Streit, den meine Mutter, mit Nina auf dem Arm, physisch austragen wollte.

Ja, Sie lesen richtig! Das eigene neugeborene Kind als Schild nutzend, stürmte SIE auf die Stiefschwester los und versuchte mit einem Kleiderbügel loszuprügeln. Aus Angst um Nina ging ich dazwischen und ermöglichte so die Flucht. Dabei zerbrach der Kleiderbügel auf meinem Rücken. Als die Stiefschwester weg war, drehte ich mich um und in dem Moment schlug SIE zu und traf mich mit der Bruchkante unterhalb meines rechten Auges. Die Haut riss bis zum Unterkiefer auf und ich blutete stark. Das war das zweite Mal, dass ich zuschlug, und das erste Mal, dass ich weglief. Ich wollte nirgends hin, konnte Nina ja nicht hängen lassen. Diesmal gab es keinen Ärger, als ich irgendwann nach Hause kam. Und immer hatte ich dankbar zu sein: für das Essen, meine Kleidung und mein Zimmer, das mit den alten Möbeln meiner Geschwister sowie abgelegten Elektrogeräten von Nachbarn und Bekannten eingerichtet war. Naja, eigentlich für alles.

Zeigte ich nicht genug Dankbarkeit, wurde ich nachdrücklich ermahnt, sprich angebrüllt und gegängelt. Je älter ich wurde, desto wütender machte mich das, bis ich einmal die neue Jeans auszog, IHR vor die Füße warf und „unten ohne" nach Hause lief. Es wurde dadurch nicht besser, aber ich fühlte mich besser, wenn ich so reagierte: trag du doch die neue Jeans! Ach passt nicht auf deinen fetten Arsch? Schade, schade, schade! Geld geben war Liebe geben.

Doch wo die Liebe fehlt, fehlt sie eben, auch wenn's dich höllisch quält. (Moses Pelham)

Diese Dankbarkeit hatte ich unter anderem auch zu zeigen, indem ich IHR bei ihrem Putzjob helfen sollte. Wobei *helfen* das falsche Wort ist: Wenn Madame keine Lust hatte, schickte sie mich halt zum Putzen. Regelmäßig habe ich so Treppenhäuser und Wohnungen geputzt. Dass ich für diese „Hilfe" nicht einen Pfennig gesehen habe, versteht sich von selbst. Erst als ich mich weigerte zu gehen und selbst die angedrohten Prügel dafür in Kauf nahm, kam die Idee auf, es mal mit Motivation in Form von Geld zu versuchen – einem Viertel dessen, was SIE selbst bekam. Doch das war mir egal, so konnte ich mein äußerst mageres Taschengeld aufbessern.

Dies fand ein jähes Ende, als Nina so langsam zu laufen begann. Nina wurde natürlich auch zum Putzen mitgenommen. SIE passte auf die Kleine auf und war der Meinung, das Bad gleichzeitig reinigen zu können. Ich war in einem anderen Teil der 6-Zimmer-Wohnung, die wir/ich regelmäßig putzten.

Und als Nina sich dann die Klobürste aus dem gerade eingeweichten WC in den Mund steckte, kam eine Reaktion, die mir noch heute den Angstschweiß auf die Stirn treibt: Sie bläkte die Kleine an, ob sie denn blöde sei, und war so überfordert, dass ich ihr Nina wegnehmen musste, um ihr den Mund ausspülen zu können. Chlorreiniger brennen halt bei Hautkontakt, also hilft nur das Ausspülen. In der Schule hatte ich mich ja selbst zum Außenseiter gemacht und fand bei den Nerds meine neue Familie. Da ich recht groß bin und aggressiv auftreten kann, wurde ich auch hier schnell zum Schutzschild, zum „Helden".

Ich war inzwischen richtig gut im Computerzocken und kannte mich immer besser mit der Hardware aus. Da aggressives Auftreten jedoch nicht immer zu Einschüchterung führt, musste ich für diesen Status jedoch oft bluten. Egal, das kannte ich schon. Wenigstens wurde ich hier nicht bestraft, sondern gelobt. Und trotz Außenseiterstatus hatte ich als Erster in der Klasse eine Freundin. ... ist mir egal, was IHR mir noch entgegenwerft, mit den beiden an meiner Seite pack ich alles! Und es wurde besser: mehr Freunde, nicht nur die Außenseiter.

Mehr Feinde: Die Angesagten fühlten sich bedroht. Ich war gut in der Schule und plötzlich immer beliebter. Mehr Freiheit, zumindest draußen. Und so wurde aus dem Zuhause eine Zitadelle der Einsamkeit. Ich versuchte so oft wie möglich nicht zu Hause zu sein und mir meine Freiheit zu ermöglichen.

Dass das mit der ersten Freundin nicht ewig halten sollte, war zwar nicht schön, doch das Leben ging weiter. Im Urlaub und draußen waren Freiheit und Anerkennung, zu Hause hat man halt den Mund gehalten und das getan, was einem gesagt wurde. Dieses Erziehungskonzept kennen die Älteren sicher auch, und ich stimme zu, dass das nicht immer falsch gewesen ist.

Wie gesagt, die unnötigen Angriffe (verbal oder nonverbal) haben alles erst zur Hölle werden lassen. Ich konnte machen was ich wollte, wenn ich dran sein sollte, war ich dran, selbst wenn der Grund erfunden werden musste. „Mir fehlen 20 DM aus dem Portemonnaie!" Und am nächsten Tag fiel IHM wieder ein, wo das Geld war. Doch Schläge kann man nicht zurücknehmen und eine Entschuldigung hat man als Abschaum ja nicht verdient. – Bin ja nur ich, wurde zu einem weiteren Begleiter.

Gegenwehr

Meist habe ich hinterher richtig großen Mist gemacht. Ich weiß bis heute
nicht, warum. Vielleicht wollte ich
die Ungerechtigkeit ausgleichen,
vielleicht war es noch immer der
Wunsch nach Rache ... Jedenfalls war
ich bis zum Ende meines 16. Lebens-
jahres kein Chorknabe.

Ich schwänzte die jugoslawische
Schule, um mehr Zeit mit meiner
Freundin verbringen zu können. Und
als es an die Zeugnisse ging, wurde
mir klar, dass der Ärger meines Lebens auf mich wartete, da die Fehl-
zeiten ja eingetragen wurden. Ich
löste das Dilemma, indem ich mir in
meinem Zeugnisheft ein eigenes Zeugnis schrieb, natürlich ohne Fehlzei-
ten. Da ich mich jedoch beim ersten
Mal verschrieb und eine Seite entfer-
nen musste, fiel es auf und ich bekam
den Ärger meines Lebens. Dass ich
schon ein Jahr zuvor darum gebeten
hatte die Schule zu verlassen, da ich
ja in einer Ganztagsschule war und

meine Woche auch so schon aus drei Tagen mit Nachmittagsunterricht bestand, wurde mit folgender Aussage ignoriert: „Wenn wir wieder zurückgehen, brauchst du ein Zeugnis, das zählt!"

Ja klar, IHR bekommt hier nix gebacken, verpulvert EURE Kohle in Spielhallen und für Klamotten und zerstreitet EUCH mit allen Freunden. Bleibt bloß hier! Gesocks wie EUCH brauchen die in Jugoslawien nicht auch noch!

Einmal habe ich einem Klassenkameraden im Sportunterricht den Schlüssel weggenommen und bin, als keiner zu Hause war, bei ihm rein und habe seinen C64-Computer mitgenommen. Natürlich wurde ich erwischt.

Und da ich bereits älter als 14 war, stand ich plötzlich vor einem Richter und musste Sozialstunden ableisten. Meine Ausrede dafür war: „Ich habe auf so einen Computer gespart und gebettelt und gearbeitet." Heraus kam ein C16 mit einem Basic-Buch. Wenn du spielen willst, darfst

du erstmal `ne Stunde abtippen ...,
falls du überhaupt spielen darfst,
weil der Fernseher im Wohnzimmer
steht. Um ehrlich zu sein: Das war es
mir Wert! Auch die Prügel, die Be-
schimpfungen ..., das war es mir
Wert! Ich verstand nicht, dass ich
nur mir selbst mit der Aktion gescha-
det hatte. Das kam erst bei meinem
letzten Ding: der Zigarettenautomat!
Wir waren 6 oder 7 Jungs zwischen 15
und 16 Jahren.

Es war Winter, aber nix los. Taschengeld war längst ausgegeben, also
fiel auch die Eisbahn aus. Irgendwer
hatte die Idee, einen Zigarettenauto-
maten am Park zu knacken. Alle fingen
an herumzuspinnen, bis wir plötzlich
loszogen, Werkzeug besorgten und uns
an die Arbeit machten.

Natürlich wurden wir bemerkt und angebrüllt. Wir rannten so schnell wir
konnten weg und über Schleichwege
nach Hause. Als wir uns vor dem Haus
des Ersten verabschiedeten, hielt die
Kripo neben uns und nahm uns alle
mit, da zwei Jungs die Werkzeuge

nicht im Gebüsch hatten fallen lassen. So kam es, dass wir alle die Nacht in U-Haft verbrachten. Lebhaft erinnere ich mich an das Gefühl von Handschellen und die Scham, als ich fotografiert wurde und mir Fingerabdrücke abgenommen wurden. Da begriff ich, was ich MIR antat.

Nichts von alledem würde man als Hilferuf oder Hilflosigkeit verstehen können. Ich hatte nur mich bestraft und mir mein Leben schwer gemacht. Plötzlich erkannte ich das; und von dem Tag an achtete ich sehr auf meine Handlungen. Dass ich nach dieser Erfahrung und der entsprechenden offiziellen Strafe viel Zeit in Isolation verbrachte, empfand ich als angemessen. Ich entdeckte meine Liebe zum Schreiben. Es half mir, mit den inneren Dämonen klarzukommen. Doch meine frühen Werke gibt es nicht mehr; entsorgt von meinen Eltern. Gedichte schreiben ist halt nichts für Männer. – Ja klar! Die Schuldgefühle blieben nicht zuletzt dadurch, dass meiner Schwester noch heute berichtet wird, was für ein „Gangster" ich gewesen war. Inzwischen muss ich grinsen, wenn ich diese Bezeichnung höre. Damals hörte ich diesen Titel mehrfach pro Woche, und wie immer wurde im Urlaub der Familie in Kroatien alles erzählt. GANGSTER! Vielleicht war es auch einfach nur Trotz: „Wenn ich den Titel habe, dann kann ich ihn mir aber auch verdienen!" Ich weiß, dass ich zumindest in Bezug auf Schläge irgendwann genau diese Einstellung hatte.

Mit Ende 17 bekam ich meine eigene Wohnung. Klingt jetzt erstmal toll. War es leider nicht wirklich: Die Wohnung lag im Seitenflügel des Gebäudes, in dem wir wohnten, und wurde von IHM bezahlt. Ich war der dritte Bewohner, nach meinem Stiefbruder und meiner Stiefschwester und hatte nun entsprechend dankbar zu sein. Letztendlich war es nur eine externe Schlafstelle, da ich für jedes bisschen rüberkommen oder aber immer mit unangemeldetem Besuch rechnen musste. Mein Zimmer war nur größer geworden und der Flur etwas länger. Für dieses „Privileg" gab es aber auch immer mehr zu tun. Und obwohl ich in der Schule inzwischen echt gefordert war und tatsächlich lernen musste, hatte ich immer zuerst IHNEN zu Diensten zu sein, bevor ich mich meinen Themen widmen durfte.

They dedicate their lives
To running all of his
He tries to please them all
This bitter man he is
Throughout his life the same
He's battled constantly
This fight he cannot win
A tired man they see no longer cares
The old man then prepares
To die regretfully
That old man here is me
Unforgiven - Metallica - Black Album

Entgegen den Wünschen meiner Eltern war ich nicht mit 16 abgegangen und hatte eine Ausbildung begonnen.
Ich wollte Dipl.-Ing. für Luft- und Raumfahrttechnik werden, und meine

Noten waren hervorragend. Klassendritter mit einem Notendurchschnitt von 1,7, in Mathe und Physik eine glatte Eins und viel Enthusiasmus. Bei den Zweien kam die Frage: „Warum ist das keine Eins?" Und eine Drei ist ja schon so gut wie durchgefallen. Für die einzige Vier auf dem Zeugnis in Sport bekam ich Ohrfeigen. Nach einem Lehrerwechsel kamen in Sport endlich Disziplinen ran, in denen ich mit meiner Größe gut war. Doch auch die Verbesserung der Sportnote verhalf mir nicht zu dem ersehnten Lob.

Wer das Haar in der Suppe sucht ...

Aber ich biss die Zähne zusammen und hielt durch. Bis ich 19 war, passierte viel in meinem Leben: Erfahrungen mit Frauen, das erste Mal.

Man war ich verknallt. Sie, Kroatin! Eine Urlaubsliebe, die knapp 2 Jahre hielt. Ein Jahr voller Sehnsucht, voller Vorfreude und hoffen auf den richtigen Moment. Wir haben mittendrin abgebrochen, aus Angst vor Schwangerschaft. Wir hatten die Gummis vergessen und eine weitere Chance bekamen wir nicht mehr, da ihre Mutter den Braten gerochen hatte. Im Folgejahr war das Knistern weg, was sich auch in den immer größeren Abständen zwischen den Briefen abzeichnete.

Mein zweites Mal war ähnlich prickelnd. Sie kam, wollte nicht mehr, drehte sich um und schlief. In mir brach eine Welt zusammen. Doch statt meine Sachen zu packen und zu verschwinden, suchte ich die Schuld bei mir. Und wenn man nur lange genug sucht, findet man auch ... Das ging so ein halbes Jahr! Doch sie wohnte in Spandau, weit weg von zu Hause. Ich dachte, die Ruhe ist es Wert. Man war ich blind. Als ich es endlich beendete, war ich einige seelische Narben reicher: Die Erinnerung an meine Schmerzensstarre, als das Bändchen meiner Vorhaut riss, während sie auf mir ihren Spaß hatte. Die Wut, als sie auf mich losging und mich schlagen wollte, weil ich sie nicht mehr wollte. Ich beherrschte mich und blockte lediglich ihre Schläge ab. Selbst als sie mir mit voller Wucht in die Kronjuwelen trat, schlug ich nicht zurück. – Frauen schlägt man nicht! Ich weiß, wie das aussieht. Ich bin nicht wie ER!!

Endlich 18! Endlich frei! Eigene Bude, `nen Nebenjob in der Burgerbude, endlich etwas Unabhängigkeit! Schule lief noch immer gut, ich war wieder Single, im Jahrgang beliebt und hatte endlich ein Hobby und Gleichgesinnte. – Pen & Paper-Rollenspiele. Wir trafen uns am Wochenende und hatten unseren Spaß. Wir waren eine Gruppe von jungen Männern, die nicht nur in der Schule, sondern in jeder Lebenslage zusammenhielten. Wir gingen gemeinsam auf Partys, in Discotheken und auf Volksfeste. Offiziell war ich immer nur über Nacht bei dem einen oder anderen zum Computerzocken oder lernen. Damals gab es ja noch keine Handys, und wenn bis halb 9 kein Anruf mehr von meinen Eltern kam, war ich safe und wir konnten um die Häuser ziehen. Ich durfte ja nur bis 18 Uhr raus.

Bis meine Eltern erfuhren, welchem Hobby wir nachgingen. Danach hieß es, die Jungs wären nicht gut für mich. Durch solche Rollenspiele würde man schizophren werden. Es wurde direkt nach Drogen gefragt, hinterfragt und aggressiv hinterfragt, weil sowas ja nur Junkies machen.

Mit 14 hatte ich eine Zeit lang den Pustebackejoe mit Zigaretten, ansonsten gab es bei mir weder Zigaretten noch Alkohol. Selbst auf Partys blieb ich immer nüchtern. Doch meine Beteuerungen wurden als Ausreden gewertet und ich musste versprechen, nicht mehr mit zweien aus der Gruppe abzuhängen. Natürlich haben wir weiter gezockt und sind weiter um die Häuser gezogen. Inzwischen war ich echt gut im Erfinden von Ausreden und es kam nicht heraus.

IHR kriegt mich nicht klein! Da müssen Sportler kommen und keine Aushilfspfosten wie IHR!

Ich lernte die große Liebe meines Lebens kennen. Wir waren viereinhalb Jahre zusammen. In dieser Zeit passierte viel. Dabei bereue ich zutiefst, dass ich erst hinterher erkannte, wie blöd ich mich verhalten hatte. Als ich später hörte, dass sie verheiratet ist und Kinder hat, habe ich mich ehrlich gefreut, dass es ihr gut geht. Sie öffnete mir die Augen und hat mir den Weg aus meiner Hölle gezeigt. Ich hatte Angst, wollte Nina nicht allein lassen und fünftrillionen andere Ausreden es nicht zu tun, nicht zu gehen.

Als ob es meinen Eltern nicht gefiel, dass ich glücklich war, standen sie, obwohl ich Bescheid gesagt hatte, dass sie bei mir übernachtet, morgens in meinem Schlafzimmer. Oder sie riefen mich zum Brötchen holen, obwohl besprochen war, dass ich nicht mitesse und wir allein frühstücken.

Es gibt noch viele ähnliche Beispiele, die in einer Häufigkeit auftraten, dass ein Zufall oder ein „gut gemeint" ausgeschlossen war. Es war reine Schikane.

Mein nächtliches Zähneknirschen wurde in der Zeit so schlimm, dass das Zahnfleisch über den Schneidezähnen aufriss und sich die Wunde täglich vergrößerte. Meine Freundin war Zahnarzthelferin, und so übernachtete ich bei ihr, um am nächsten Morgen noch vor Praxisöffnung behandelt zu werden. Wie immer gab ich Bescheid, ich hatte gelernt, was passiert, wenn ich es nicht tue. Leider erwähnte ich nicht, dass ich bei ihr übernachte, sondern sagte nur beim Gehen, dass ich sie abhole, nach Hause bringe und bei ihr bleibe, damit ich am nächsten Morgen vor Praxisöffnung ran komme. Ich dachte, das wäre eindeutig.

Am nächsten Morgen klingelte das Telefon ihrer Eltern Sturm, wir waren 5 Minuten vorher aus dem Haus. Als wir in der Praxis ankamen, wartete die

Ärztin bereits mit dem Telefon in der Hand auf uns. Meine Mutter hatte erst ihre Mutter und dann die Ärztin verrückt gemacht und erzählt, sie wisse nicht wo ich sei und ich hätte nicht Bescheid gegeben und so weiter. Am Telefon beschimpfte SIE mich wie üblich. Als SIE jedoch begann meine Freundin als Hure und Schlampe zu bezeichnen und ihre Mutter als Abschaum, da packte mich eiskalte Wut. Ruhig antwortete ich, dass ich direkt nach der Behandlung nach Hause kommen würde. Was ich auch tat.

Und schon standen beide vor mir und bombardierten mich mit Schimpfworten und Verunglimpfungen. Was beide nicht wussten: Ich hatte ein Springmesser in der Tasche, in der auch meine Hand steckte, und nur einen Gedanken: „Schlag zu! Los, gib mir einen Grund! Komm schon! Schlag mich!" Als ich eine halbe Stunde später in meiner Wohnung ankam, wurde mir bewusst, was beinahe passiert wäre. Ich brach weinend zusammen. An dem Tag beschloss ich zu gehen und am Folgetag setzte ich den Beschluss um.

Flucht

Mit 19, drei Tage vor Weihnachten, packte ich einen Koffer, zwei Kisten und meinen Computer und lief davon. Die Sachen konnte ich bei meiner Freundin unterstellen und dort auch eine Zeit lang bleiben. Meist hatte ich einen Schlafplatz, aber ich war auch zu Stolz zuzugeben, wenn ich mal keinen hatte: Ich wollte es alleine schaffen, da kann man auch mal im Winter in einem Treppenhaus pennen. Ich war zwar sehr aufbrausend und laut, jedoch hatte ich in meiner Jugend nicht oft zugeschlagen. Worte sind viel schlimmer als die Faust, das hatte ich gelernt, das hatte ich gelebt. Zugeschlagen hatte ich immer nur, wenn ich Angst um MICH hatte, aber nie als Erster!

In den meisten Prügeleien tat ich das, was ich auch zu Hause tat: Abducken und Kopf schützen. Und ich hatte oft auf dem Spielplatz Prügeleien. Ich hielt halt nie meinen Mund und mischte mich ein. Ich setzte mich immer für die Schwächeren ein und wurde so zum Ziel. Später kam meine Statur hinzu: groß und dünn ... nicht türkischer oder arabischer Herkunft, wie in Berlin Neukölln, sondern OPFER! Doch gewehrt habe ich mich so gut wie nie, denn wenn die großen Brüder kamen, war Schluss mit Lustig. Und einstecken konnte ich ja sehr gut, darin hatte ich Übung. Doch meine Eltern waren für mich keine Menschen mehr.

Ich wollte sie quälen, demütigen, ihnen verbal und nonverbal Schmerzen zufügen, Krankheiten an ihnen ausprobieren, testen, welche Chemikalie ihnen den meisten Schmerz zufügt und sie dann ganz langsam töten. Bis heute jagt mir die Intensität dieser Gedanken kalte Schauer über den Rücken.

Wie soll ein Mensch damit klarkommen? Wie soll ein 19-Jähriger damit klarkommen? WIE?

Meine Taktik war es, zu Superman zu werden: umsichtig, helfend, zuvorkommend, ohne aufdringlich zu sein. Ich dachte, dass ich so ein guter Mensch werden könnte. Meine Geschichte und die von Superman wiesen ja bereits Ähnlichkeiten auf. Ich vergrößerte sie, nur ohne Superkräfte.

Ich wollte endlich eine Familie ... um JEDEN Preis. Und ich wollte RACHE. „Jetzt erst recht! Euch zeig ich es!"

Ich dachte, dass ich so ein guter Mensch werden könnte. Meine Geschichte und die von Superman wiesen ja bereits Ähnlichkeiten auf. Ich vergrößerte sie, nur ohne Superkräfte.

Errare humanum est ...

Relativ schnell bekam ich einen Platz in einer Wohngemeinschaft für junge Erwachsene. Wohn- und Nebenkosten übernahm das Amt. Für alles andere musste ich sorgen. Klar hätte ich auf Unterhalt klagen können und mit Sicherheit auch gewonnen, doch ich war froh raus zu sein und wollte nichts mehr mit denen zu tun haben. Mich plagten Schuldgefühle wegen Nina, doch ich konnte einfach nicht mehr zurück.

Plötzlich von Arbeit abhängig, nebenbei Schule und das WG-Leben und frei von permanenter Kontrolle und Gängelei. Das war zu viel, und meine Noten wurden schlechter. Ich brach den ersten Abiturversuch ab und meldete mich freiwillig für eine Ehrenrunde. In der Zwischenzeit wollte ich Geld verdienen, um nicht mehr den Druck zu haben und in Ruhe lernen zu können.

Hier profitierte ich davon, dass ich zu Hause Mädchen für alles war. Denn obwohl ich als ungelernter Produktionshelfer für eine Zeitarbeitsfirma tätig war, bekam ich ganz schnell einen permanenten Einsatzort, erhielt bereits nach 6 Wochen den Stundensatz eines Facharbeiters und hatte am Monatsende 1600 bis 1800 DM auf meinem Konto. Vorher gab es Monate, in denen ich mit 50 DM auskommen musste. Und ich lernte sehr viel über Computer. Nicht in der Schule oder durch Bücher. Durch MACHEN!

Ich wollte beim Zocken etwas hören, also brauchte ich eine Soundkarte. Natürlich hatte ich kein Geld für Werkstatteinbau, was aber auch nicht nötig war, denn 94 gab es noch Handbücher mit Beschreibungen und Bildern. Dann reichte der Arbeitsspeicher nicht mehr aus. Auch das ging ganz gut, obwohl die Beschreibung eher hinderlich als hilfreich war. Doch meine Meisterleistung war das Aufrüsten von 386er SX25 auf 386er DX40 mit Mathe-SPU. Damals war es erforderlich, das gesamte Motherboard zu tauschen. Ich habe noch lebhaft das schiefe Grinsen des Computerhändlers vor Augen, als ich verneinte jemals so was gemacht zu haben, ich mich dabei aber auf das Handbuch verlassen wolle.

Als ich zu Hause angekommen war und meine „Beute" auspackte, wurde mir klar, dass ich mir da eine große Aufgabe gestellt hatte. Ich besorgte mir jede Stehlampe, die ich in der WG auftreiben konnte, legte den Wohnzimmertisch mit Zeitungspapier aus und stellte Plastikschalen für die Schrauben und Bauteile hin. Kreppband und einen Stift zum Beschriften legte ich mir ebenso hin, wie auch jeden Schraubendreher und jede Zange die ich finden konnte.

Als ich nach rund drei Stunden fertig war, war jedes Kabel beschriftet und mit Kabelbindern in einem ordentlichen Kabelbaum eingebunden. Ich hatte auch ein Zweifach-CD-ROM-Laufwerk gekauft und eingebaut und den Innenraum von Staub befreit. Ich wusste, welches Teil mit welchem kommuniziert und erkannte dadurch seinen Zweck. Da das Handbuch auch hier total toll war, lernte ich eine ganze Menge. – In dieser Zeit lernte ich auch auf die harte Tour, wie vergänglich Freundschaften sein können. Da ich nicht mehr täglich in der Schule war und durch (heute würde ich *falsche* sagen) andere Gesellschaft zu rauchen und zu kiffen begann, wollte meine alte Clique nichts mehr mit mir zu tun haben. Auch dies hatte sich bereits wochenlang vorher abgezeichnet. Denn als ich nicht mehr zu Hause wohnte und bedingt durch meine Lebenssituation weniger Freizeit genoss, wurden die Einladungen zu Partys seltener, wir unternahmen immer weniger miteinander und ich erfuhr meist erst hinterher, dass nur ich nicht dabei war, wenn die Jungs was unternommen hatten. – Das tat weh!

Als ich meine Ehrenrunde drehte, hörte ich, dass vier von den Jungs, die mich damals verurteilten und nichts mit mir zu tun haben wollten, weil ich Marihuana rauchte, selbst zu kiffen begonnen hatten. – Ohne Worte!

Mich verurteilen, aber selbst keinen Deut besser! Kenn ich ja schon. Ich darf nicht, was für dich selbstverständlich ist.

Meine WG-Mitbewohner hatten zum Teil ähnliche Erlebnisse, zum Teil auch schlimmere. Einige gingen arbeiten, andere waren in Ausbildung oder in der Schule. Wir waren acht junge Menschen auf dem Weg ins Leben. Anfangs gab es keine wirkliche Betreuung, wodurch Drogen in der WG üblich waren. Es war zwar verboten, doch gab es keine Kontrolle. So lernte ich einiges kennen.

Durch einen „Kumpel" wurde mir zum Beispiel ein „astreines Geschäft" angeboten. Für 300 DM sollte ich 30 Gramm Speed bekommen. Als das Zeug dann geliefert werden sollte, kam `ne billige Ausrede. Das Geld wollte man trotzdem. Ich bezahlte ihn so, wie ich meine Ware erhalten hatte: „Du, das hab ich dir im Umschlag in den Briefkasten gesteckt! Bin extra heute früh losgefahren! Alter, erzähl mir nicht, dass die Kohle auch weg ist, dann gibt's aber wirklich `n paar aufs Maul!" Ich war an dem Tag nicht mal zum Brötchen holen rausgegangen.

„Pappe ist wie Speed!", sagte eine Mitbewohnerin und überredete mich zum Probieren von LSD. Den Trip habe ich nie vergessen. Nach und nach gingen alle nach Hause und meine Mitbewohnerin brachte ihre Freundin zum Bus, so dass ich plötzlich allein in ihrem Zimmer saß. Der Fernseher lief und das Fenster war geöffnet, als mir der Gedanke kam: „Wenn du jetzt springst, dann kannst du erstmal fliegen. Und wenn du unter aufklatschst, hast du den Scheiß endlich hinter dir!"

Ich stand gerade auf, um zum Fenster zu gehen, als im Fernsehen die Danke-Toilettenpapier-Werbung lief, in der ein Mann mit einem Baby schmust.

„Papa sein ist noch cooler!", dachte ich und setzte mich. Danach ging ich in mein Zimmer und hörte die ganze Nacht das erste Album vom Rödelheim Hartreim Projekt und sah mir den Sternenhimmel an. Morgens um halb fünf räumte ich dann mein Zimmer auf und schwor mir, nie wieder etwas zu probieren. Marihuana und Speed kannte ich schon von meinem zweitältesten Freund. Durch ihn wusste ich, was mit mir passieren kann, worauf ich zu achten habe usw. Zu LSD hatte ich mich überreden lassen und das beinahe mit dem Leben bezahlt. Das wird mir nie wieder passieren. Ist es auch nicht. Ich habe tatsächlich nie wieder etwas probiert.

Kurze Zeit später änderte sich die Betreuung in der WG und wir hatten regelmäßige Besuche. Einmal wurde ich erwischt, wie ich mit einem Neuen einen Joint geraucht habe. Ohne mich herausreden zu wollen: Er hatte mich dazu gedrängt, nachdem er im Gespräch erfahren hatte, dass ich manchmal rauche.

Er hatte was dabei und wollte seinen Einstand geben. Natürlich hat der Betreuer es gerochen. Und als er vor meiner Tür stand und fragte, ob wir rauchen, sah ich keinen Sinn zu leugnen. Ich bekam eine Verwarnung und der Neue zog dann doch nicht ein, obwohl ich die Schuld auf mich genommen hatte. Der Neue war stinksauer und motzte mich an, warum ich denn das Rauchen gleich zugegeben habe. Dass ich gerade knapp am Rauswurf vorbeigeschrammt war und ihn auch noch gedeckt hatte, war egal. Vermutlich bin ich bis heute ein Riesenarsch.

Ist aber sein Problem. Nach dem Ding ließ ich sämtliche Drogen sein, außer Nikotin. Inzwischen war ich Raucher. FUCK! Ich baute mir einen neuen Freundeskreis auf und ich arbeitete wie ein Tier.

Ich konnte mir endlich meine Wünsche erfüllen, musste nicht mehr betteln, wenn ich etwas haben wollte, und mit dem zufrieden sein, was ich bekam, selbst wenn es anders abgesprochen war. Meine Leistung besaß einen Wert, und der ermöglichte mir endlich zu leben, ohne von der Gnade anderer abhängig zu sein.

Der Chef der Firma, die mich ausgeliehen hatte, war noch von der alten Schule, sprich es gab für extra Leistung und Sonderaufgaben auch immer ein bisschen extra Taschengeld. Wer zuverlässig und akkurat arbeitete und dabei nicht trödelte, bekam am Freitag immer ein bis zwei Stunden extra auf seinen Stundenzettel. Hier wurde Einsatz gesehen und direkt belohnt.

Es war nicht immer Geld, selbst die Schulterklopfer und das „Gut gemacht" hoben immer die Lebensgeister und die Moral. Hier gefiel es mir so gut, dass ich meine Ehrenrunde abbrach und bis zu meiner Zeit bei der Bundeswehr arbeitete. Ich verstand nicht, dass ich mir damit wieder Schaden zufügte und meine Träume verriet. Ich wusste nur, dass mein sogenannter bester Freund, der auch den Dipl.-Ing. in Luft- und Raumfahrttechnik in Aachen machen wollte, mich hatte fallen lassen. Außer bei einem, erging es mir mit meinen anderen „Freunden" genauso.

Aber ich wollte mit aller Macht raus aus diesen Kreisen, weg von der Schule, weg von den alten „Freunden", weg vom alten Scheißleben und komplett neu anfangen. Es war ja nicht das erste Mal, dass ich Freunde verloren hatte ... Was wäre dazu besser geeignet, als die Zeit bei der Bundeswehr? Vorher noch ein bisschen arbeiten, dann Bundeswehr, und wenn ich wieder zurück bin, ist alles neu.

Und aus dem Chaos sprach eine Stimme zu mir: Sei glücklich und lächle, denn es könnte schlimmer kommen. Und ich war glücklich und lächelte ... und es kam schlimmer!

Der Bruch mit meinem Zuhause hielt keine zwei Jahre.

Als meine Oma starb, kamen wir wieder in Kontakt. Natürlich sehnte ich mich noch immer nach einer Familie, hoffte diese endlich auch von meiner Mutter zu bekommen. Und ich gab auch meinen Schuldgefühlen bezüglich Nina nach. Und so ging das Spiel weiter.

Da ich plötzlich Geld hatte, wurde ich angepumpt. Zurückbekommen habe ich das meiste davon bis heute nicht. Wenn ich es wagte, danach zu fragen, gab es immer Streit, der in wilden Vorwürfen mir Gegenüber endete. Es wurden dann alle meine Vergehen seit meiner Geburt aufgezählt und auch jede Unterstützung, sei sie finanziell oder sonst wie gewesen. Am Ende war ich immer der Arsch, schuldig und Abschaum. Doch wenn SIE mal wieder verprügelt wurde und meine Hilfe brauchte, war ich so lange der Beste der Welt, bis SIE hatte, was SIE wollte. Innerhalb einer Stunde wurde ich dann wieder zum personifizierten Satan abgestempelt. Und natürlich auch immer die Frau an meiner Seite. Wenn ich kein Abschaum war, dann hieß es immer, sie hätte mich aufgehetzt und mir den Kopf verdreht und so weiter. Schuld war jeder, nur SIE selbst nicht.

Ein halbes Jahr nach Omas Tod ging ich zur Armee. Erster Schwung: Krisenreaktionskräfte. Vier Monate Infanteriegrundausbildung. Es war nicht mal annähernd „Full Metall Jacket", doch meilenweit von der regulären Bundeswehrausbildung entfernt. Und es war toll! So sehr ich auch gekotzt, gefroren und geheult habe, so sehr vermisse ich es noch heute! Ich meldete mich freiwillig für das 2. IFOR Kontingent, das im Sommer 1996 nach Kroatien/Bosnien gehen sollte. Der Antrieb dafür war purer Idealismus: Ich wollte meiner zweiten Heimat Kroatien ebenfalls dienen, ohne dort den Wehrdienst ableisten zu müssen. Die Jungs lachen über „Full Metall Jacket", wenn deren Wehrdienst vorbei ist. Den dicken Batzen Auslandssold wollte ich gar nicht haben, hab ihn verpulvert.

Wachstum

Während meiner Zeit bei der Armee habe ich vieles aus meiner Vergangenheit verstehen und aufarbeiten können. Ich verstand die Bedeutung von Disziplin und begann sie zu leben.

In Bosnien lernte ich, dass ich eine Gabe habe. Ich kann Menschen motivieren: zum Lernen, zum Standpunktwechsel, zum Blick über den Tellerrand. Noch heute habe ich Freudentränen in den Augen, wenn ich an den Waisenjungen denke, dem ich, wenn auch nur für einen Moment, ein Lächeln entlocken konnte, das sogar seine Augen erreichte. Oder wenn ich an einen Freund denke, den ich dort hatte und der mir weinend zum Abschied gewunken hat. Ein Mann, der im Krieg gekämpft hat, der seinen besten Freund in zwei Plastiktüten nach Hause getragen hat ... weinte, als ich ging. Ich muss meinen Gedanken, ihn zu besuchen, endlich in die Tat umsetzen. Und hier lernte ich, dass wir alle nur Menschen sind. Egal welcher Name, Beruf,

Dienstgrad oder Kontostand, wenn ich dir auf die Nase haue, dann blutest du genau wie ich. – Es gab auch Situationen, in denen ich Angst hatte: Todesangst. Doch ich bin vollständig und körperlich unverletzt zurückgekommen. Auch meine Wut lernte ich zu bändigen, als wir im Büro eines serbischen Ortsvorstehers saßen und ich übersetzen musste, wie toll das serbische Volk sei und dass ohne die Serben auf dem Balkan nichts laufen würde.

Ich werde nie den Blick meines Spieß` vergessen, als ich dies tat. Als die Besprechung beendet war und wir unser Brauchwasser hatten, sagte ich dem Spieß, wie groß bei mir die Lust war, bei den Worten mein Kampfmesser zu zücken, um dem Herrn neue Körperöffnungen zu schnitzen. Er kannte meine Geschichte und Herkunft und war echt froh, dass ich mich im Griff hatte.

Anders erging es mir bei einem Vorfall, bei dem ich den Befehl des Hauptfeldwebels korrekt ausgeführt hatte und anschließend von seiner rechten Hand (einem Oberfeldwebel) angeschnauzt und als blöde betitelt wurde. Daraufhin zog ich meine Handschuhe aus, warf den Helm weg und zog die Splitterschutzweste aus, während ich wutschnaubend auf den Oberfeldwebel losging. Unser Feldgeistlicher sah dies und griff ein, indem er sich gegen mich stemmte. Ihn vor mir herschiebend, grollte ich dem *Oberfeldarsch* entgegen, dass der Hauptfeld den Befehl erteilt hat, es so auszuführen und ich ihm gerne melden werde, er sei blöde.

Das „Hündchen" ist winselnd davongelaufen und ich führte ein langes Gespräch mit dem Feldgeistlichen. Sowohl das Bild, wie ich einen etwa 120 Kilo schweren und einmetersiebzig großen Mann vor mir herschiebe, als auch das Gespräch waren befreiend. Nach zweieinhalb Monaten war ich jedoch am Ende. Permanent in Bosnien im Einsatz, nur kurze Pausen in der Basis in Kroatien, Ärger zu Hause – es wurde Mal wieder geprügelt usw. – und dreiundneunzig weitere Kleinigkeiten. Bevor ich um Versetzung in die Heimat ersuchte, führte ich mit unserem Feldgeistlichen ein langes und ausgiebiges Gespräch.

Er brachte mich zum Nachdenken, und ich beschloss die Zähne zusammen zu beißen und durchzuhalten. Es war schwer, ich war der Einzige aus meiner Einheit und kannte anfangs niemanden.

Als ich während eines Auftrags begann die Jungs abwechselnd zum Einkaufen mitzunehmen, kannte mich jeder Mannschaftsdienstgrad. Da ich niemals jemanden vorzog, trotz guter Angebote bis zu 200 DM, hatte ich zu allen einen guten Draht. Dennoch hatte ich zu keinem solch eine Beziehung wie zuvor zu meinen Truppkameraden. Als wir zum zweiten Mal in der Nähe von Gorazde waren, kurz nachdem ich beschlossen hatte durchzuhalten, befreundete ich mich mit einer einheimischen Familie an. Kurz darauf fand ich auch unter den Mannschaften zwei Vertraute. Durch meine Hilfe bei der medizinischen Versorgung von Zivilpersonen war ich gefordert und lernte nicht nur viel, sondern war dem Doc und den Sanis eine echte Hilfe. Ich weiß, dass ich da unten viel mehr geleistet habe, als nur zu dolmetschen und dem Doc zu helfen. Ich würde mich jedenfalls nicht wundern, wenn der eine oder andere Knabe da unten Chrille heißen würde, und das nicht, weil ich der *Papa* bin. Nein, es war eine harte Zeit und eine erfüllte zugleich. Von 104 Einsatztagen war ich 93 in der Box (Bosnien). Und es gab nicht viele, die ähnlich viele oder gar mehr Tage auf ihrem Konto hatten. Als ich endlich mit dem Vorauskommando nach Hause fliegen durfte, war ich traurig. Irgendwie wollte ich nicht mehr zurück. Irgendwie war das besser als alles, was ich bisher kannte. Das war weder der „Kindergarten" Bundeswehr aus Deutschland noch die Hölle meiner Familie. Hier hatte ich eine Aufgabe. Ich konnte zeigen, was in mir steckt. Und ich konnte sturköpfigen Arschnasen, die mich blöde von der Seite anmachen, zur Not auch mal eins auf die Nase geben.

Gleichzeitig freute ich mich auf meine Freundin, meine Schwester und die Hochzeit meines Stiefbruders. Die Zeremonie haben meine Freundin, die mich in Köln abholte, und ich leider verpasst. Doch zur Feier sind wir da gewesen. Sie hatte in dem Hotel, in dem gefeiert wurde, ein Zimmer für uns gemietet und dort bereits unsere Kleidung deponiert. Heimlich schlichen wir ins Hotel, und während ich mich wieder in einen Menschen verwandelte (der Vollbart musste wieder ab) ging sie bereits zur Feier, um unsere Story weiterzuspinnen.

Die Überraschung gelang und die Freude war bei allen riesig, dass ich es doch zur Hochzeit geschafft hatte, obwohl das 2. Kontingent eigentlich noch eine Woche Dienst in Kroatien hatte. *Mein Stiefbruder verstarb leider an Krebs und die Familie liefert sich vermutlich noch heute eine Schlammschlacht mit seiner letzten Frau um seine letzte Ruhestätte. So unfair ich es auch finde, dass seine beiden Kinder nicht wissen, wo das Grab ihres Vaters ist, so sehr kann ich seine Witwe auch verstehen. Mich persönlich trifft es nicht, da er für mich so lange lebt, solange ich an ihn Denke! Er war, wenn auch nur für einige Monate, ein echter großer Bruder, der mir die Kampfkunst und die damit verbundene Disziplin beibrachte. Als er seine Familie gründete, wurde der Abstand zwischen den Treffen immer größer. Das ist das Einzige, was mich im Bezug auf ihn traurig macht!*

Übrigens, ER wollte mich damals auch freudig begrüßen, doch als er meinen Blick sah, wich er eiligst und sehr blass im Gesicht von mir zurück. Als ich mich vor dem Einsatz verabschiedete, hatte ich ihm gesagt, dass wenn er während meiner Abwesenheit nochmal zuschlagen würde, mich nicht mal Jesus und Gott aufhalten könnten. Er nahm dieses Versprechen bereits da nicht ernst, doch als ich Jacke und Rucksack in die Ecke feuerte und die

Fäuste hob, setzte er sich wieder hin. – Das war vor dem Einsatz.

Wenn die Kälte kommt ...

Auf der Hochzeit hätte ich IHM nix getan, ich wollte niemandem die Hochzeit versauen. Also ging ich zu IHM, sagte IHM genau das und fügte hinzu: „Das rettet dich dieses eine Mal, nochmal kommst du mir nicht davon!"

Bis zum nächsten Mal dauerte es nicht lange. Wenige Wochen später: Ich war zu Hause, hatte gerade eine Magenspiegelung hinter mir und fühlte mich einfach nur elend, schwach und krank. Der Arzt hatte mich mehrfach nach Magengeschwüren gefragt, und als ich nachfragte warum, hieß es: „Ihr Magen ist ziemlich schlimm vernarbt!" Ich wusste sofort wovon ... meine Magenkrämpfe als Kind und Jugendlicher.

Es war bereits nach 19 Uhr, als mein Telefon klingelte. Ich wusste, wer dran war und auch warum. Das sagte ich meiner damaligen Freundin. Und als sie dann ranging, war tatsächlich meine Mutter dran, weil ER SIE wieder verprügelt hatte. Natürlich wieder vor den Augen der Kinder, oder um es genau zu sagen: vor den Augen meiner kleinen Nina. Und wenn die beiden sich prügelten, blieb auch die Einrichtung nicht unberührt. Es wurden halt alle greifbaren Gegenstände benutzt, um dem jeweils anderen seinen Willen aufzuzwingen. Unbeteiligte, wie z. B. Kinder, bekamen dann auch mal was ab und waren daran selbst schuld.

Ich war nicht mehr krank, mir tat nichts mehr weh. Mir wurde kalt, so kalt, wie ich es schon aus meiner Kindheit kannte, wenn mein Geist aus dem Körper fliehen wollte, um das alles nicht ertragen zu müssen. Mein Solarplexus wurde so kalt, dass es brannte. Voll mit Adrenalin schnallte ich mir ein 30-cm-Bajonett und meine 9-mm-Gaspistole um und fuhr von Tegel nach Neukölln. Im Bewusstsein, dass ich damit einen oder mehrere Menschen verletzen oder sogar töten würde.

„Damit tue ich der Welt und meiner Familie einen großen Gefallen!", war der einzige Gedanke dazu. Die Einwände meiner Freundin ignorierte ich einfach. Sie hatte mich die letzten vier Jahre begleitet und jede Menge mitbekommen, Aber sie verstand nicht, warum ich das tun musste. Es musste endlich ein Ende finden, denn es hatte bereits viel zu lange Leiden verursacht!

Heute weiß ich es besser, heute würde ich meiner Mutter antworten: „Wenn er dich mal wieder verprügelt hat, dann sicherlich, weil du in deiner charmanten Art darum gebettelt hast! Kümmere dich um die Scheiße, die DU verzapft hast und lass mich damit in Ruhe!"

Als ich ankam, lag das Wohnzimmer in Trümmern, meine Mutter und Nina waren total verheult und fertig. Ich brachte die beiden erstmal zu einem Nachbarn und ging dann wieder zurück. ER saß gemütlich am Esstisch und guckte Fernsehen, als wäre alles in bester Ordnung. „RAUS!", brüllte ich IHN an, und als ER aufstehen wollte, um mir ein paar Ohrfeigen zu geben, stand ich bereits neben IHM und presste die Mündung meiner Waffe an seine Schläfe. – Ich werde nie vergessen, wie kreidebleich ER wurde und das große Zittern bekam. ENDLICH! Endlich hatte dieser Wichser auch mal Angst vor MIR! Und meine Angst vor IHM war weg! JA! STRIKE!! ICH GEWINNE!! ARSCHLOCH!! Bevor ich jedoch mehr tun konnte, als mich zu freuen, hörte ich, wie die Tür vom Wohnzimmer leise geöffnet wurde. Blitzschnell steckte ich die Waffe ins Schulterhalfter und sah mich um. Nina stand in der Tür, sie hatte Angst. Angst um mich. Ich nahm mich ihrer an und brachte sie wieder zum Nachbarn, wo ich dann auch für zwei Stunden blieb, bis die Kleine eingeschlafen war. Bevor ich mit ihr jedoch die Wohnung und den WICHSER verließ, sagte ich: „Du hast zwei Wochen Zeit zu verschwinden, oder ich komme wieder, wenn Nina mal nicht zu Hause ist!"

Aus dem Mund meiner Mutter hört sich der Vorfall ein klein wenig anders an: Sie hat ihn rausgeschmissen. Keiner hat ihr geholfen oder ihr beigestanden, immer musste sie alles alleine machen.

„Hätte ich doch bloß abgedrückt", dachte ich damals. Jetzt: „Bleib bloß in deiner kleinen Erdbeerwelt, aber lass den Rest der realen Welt in Ruhe du Antichrist! Vergebung ist der Kern der christlichen Glaubensrichtung. Wie eine Mutter ihre Kinder so sehr hassen kann und dass dieses Monster sich überhaupt noch in die Kirche traut, unfassbar!"

Kirche, ein tolles Stichwort! Glaube ist etwas total Wichtiges für uns Menschen und egal woran man glaubt, wenn es einen zu einem besseren Menschen macht, bitte sehr! Doch Religion darf gerne abgeschafft werden, egal welche. Jede Glaubensrichtung hat im Namen Gottes Menschen getötet, obwohl es in jeder Religion eine Sünde ist, Menschen zu töten! Finde den Fehler im Bild! Besonders die Katholiken sind mir ein Dorn im Auge: Kurz mal beichten, drei „Vater unser" und fünf „Ave Maria" beten und alle Sünden sind verziehen. Wie bitte? Was? Ich glaube nicht, dass Gott das auch so sieht! Besonders dann nicht, wenn die Beichte jede Woche nahezu identisch ist. Es kotzt mich einfach an, dass solche Monster wie meine Eltern dort Zuflucht finden, während deren Opfer auf der Straße ums Überleben kämpfen! Auch die Inquisition oder das Verhalten der Kirche zwischen 1939 und 1945 hatten mit dem katholischen Glauben nichts zu tun. Und während Menschen vor Hunger sterben, stellt die Welt fest, dass der kleinste Staat der Erde zugleich der reichste ist. Wer weiß, wie viele Kriege, Hungersnöte und sonstige Katastrophen von dort gelenkt wurden? Ich selbst bin gläubig, habe der Kirche jedoch entsagt, da ich mit deren Machenschaften nichts zu tun haben will. Ich kann auch ohne ein Gotteshaus beten, schließlich hat, laut Bibel, Gott die Erde erschaffen, also ist sie sein Haus.

Die Prunkbauten der Menschen, als solche zu bezeichnen, empfinde ich persönlich als anmaßend. Aber es geht hier um mich, nicht um die Unvollkommenheit der Religionen.

Jetzt aber Vollgas ...

Armee geschafft, Stiefwichser entfernt! Dann kann es ja endlich losgehen mit „Neu machen". Also den Stift gespitzt und Bewerbungen schreiben. Arbeitslos hatte ich mich bereits Wochen vor Dienstzeitende gemeldet, da ich nicht davon ausging im Dezember noch eine Ausbildungsstelle zu bekommen. Mein Arbeitslosengeld kam im April. Im Januar war ich zweimal beim Arbeitsamt, um nachzufragen. Im Februar bereits viermal. Im März war ich dann zweimal pro Woche beim Amt. Bisher hatte ich vom letzten Sold, meinem Dispo sowie dem Rest des Einsatzgeldes gelebt. Nun flatterten die ersten Mahnungen ins Haus und der Kühlschrank war chronisch leer. Ende März hieß es plötzlich, es würden noch Unterlagen fehlen – Unterlagen, die ich bereits im Dezember abgegeben hatte und die mir nur die Bundeswehr ausstellen konnte. Um genau zu sein, meine Dienststelle in Storkow, die man ohne Auto nicht besonders gut erreichen kann. Ich hatte damals weder Führerschein, noch Auto und glücklicherweise Kopien zu Hause, die ich auch 30 Minuten später abgab.

Als es dann hieß, dass das jetzt 4-6 Wochen dauern könnte, bis ich mein Geld erhalte, griff ich den Sachbearbeiter an seine Krawatte und zog sein Gesicht bis auf zwei cm an meines heran und sagte: „In spätestens zwei Wochen ist die volle Summe auf meinem Konto.

Oder ich komme wieder. Wenn ich dann gehe, nur in Handschellen, doch Ihnen ist das dann egal, weil Sie es dann nicht mehr mitbekommen! Ich rufe Ihnen auch `n Krankenwagen.“

Es dauerte keine zwei Wochen, bis das Geld kam. Hey ich war drei Monate freundlich, zuvorkommend und nett. Wenn man mich dafür verarschen will, kann ich auch anders! Und seit Bosnien sah ich Menschen mit ganz anderen Augen. ICH hatte gesehen, wie viel Leid WIR ALLE verursachen! Ich hatte als Kind erlebt, was für Monster Menschen sein können, und zwar zu ihren

EIGENEN KINDERN! In Kroatien und Bosnien hatte ich gesehen, wozu WIR ALLE in der Lage sind, wenn man uns einer Gehirnwäsche unterzieht, wenn wir blindlings Ideologien folgen und wenn wir um unser Leben fürchten.

Diese Bilder habe ich unter anderem davon: Ein Haus am Ortsrand von Sarajevo, zerbombt, verbrannt und jeder Quadratzentimeter der ehemals weißen Fassade mit Einschusslöchern übersät und mit blauer Farbe besprüht, worauf steht: Welcome to Sarajevo!

Ein kleines Dorf in Kroatien, die Häuser zerstört, überall Einschusslöcher, vom Dachbalken eines zerstörten Hauses baumelt ein Teddy an einem Strick. Der Strick ist wie bei den Exekutionen in den Cowboyfilmen gebunden und an der Restfassade prangt das Zeichen der Cetnik. Ich bin durch Dörfer gefahren, die ich aus meiner Kindheit kannte, völlig zerstört und menschenleer. Es gab dort auch keine Tiere mehr, weder Hunde noch Katzen. Aber ich kannte die Straßen noch mit Menschen bevölkert, mit spielenden

Kindern ... In einem Haus war einmal Kiosk, dort haben wir immer Rast gemacht auf dem Weg zum Meer. – Und das sind nicht mal die wirklich schlimmen Bilder ... Die will ich gar nicht schildern, da sie niemand begreifen kann, der nicht dabei war.

Ich hatte nach dem Einsatz nicht verstanden, dass die Angst um mich ebenso hart war wie der Einsatz für mich ... Inzwischen verstehe ich das und auch, dass dieses Unverständnis beiderseits existiert.

Mit solchen Bildern im Kopf sieht man Menschen in einem ganz anderen Licht. Besonders im ersten Jahr nach Bosnien hatte ich keine Achtung mehr vor dem Leben: Als ich mit einer Bekannten über den Ku'Damm spazierte, kam uns eine Gruppe türkischer Jugendlicher entgegen. Einer war der Meinung, meiner Bekannten in den Schritt zu fassen. Als sie ihn anschrie, holte er aus, um sie zu schlagen.

Ich fing seine Hand ab, drehte das Handgelenk so, dass er unwillkürlich auf die Knie fiel, und sagte völlig ruhig und mit eiskaltem Blick auf seine Kumpels: „Entweder du entschuldigst dich sofort oder mein Knie zertrümmert deinen Kehlkopf!"

Was soll ich sagen? Er hat sich entschuldigt und ist ohne weiteren Stress und mit vermutlich gebrochenem Handgelenk abgezogen. Meine Bekannte meinte selbst, sie hätte Angst vor mir gehabt und damit gerechnet, dass ich ihm trotz Entschuldigung etwas antue. Und ja, sie hatte teilweise recht, ich meinte es ernst. Ich hätte ihm den Kehlkopf eingetreten und danach Polizei und Krankenwagen gerufen. Das strahlte ich anscheinend auch aus, denn keiner traute sich, mir mehr als einmal blöde zu kommen. Meist brauchte ich nicht mal etwas sagen, und wenn, dann war die Drohung ausreichend. Doch mit der Zeit änderte ich das, denn ich wollte nicht, dass Menschen Angst vor mir haben. Ich wollte geliebt und nicht gefürchtet werden. Wie gesagt, ich war voller Tatendrang und wollte endlich wieder loslegen: Ausbildung, um was in der Hand zu haben und dann ackern und Kohle verdienen, Haus bauen und Familie gründen. – Natürlich war mein erster Gedanke die Firma, bei der ich damals Leiharbeiter war. Dort hatte ich mich wohl gefühlt, also wollte ich dort wieder hin. Da erfuhr ich, dass das Leben kein Wunschkonzert ist und meist anders läuft, als ich es gerne hätte: Die Firma gab es nicht mehr! Genau genommen existiert sie noch heute, jedoch unter einem anderen Namen und mit anderen Chefs. Der Senior hatte sich zurückgezogen und seinem Sohn die Firma übergeben. Der hatte sich mit einem Angestellten zusammengetan und einiges geändert – das heißt, viele der Mitarbeiter, die ich damals kannte, waren nicht mehr da bzw. dabei zu gehen. FUCK!

Tja, also auf die altmodische Tour: bewerben, vorstellen und zittern. Doch Anfang 1997 eine Lehrstelle zu finden, mit 21 Jahren und ohne Abitur. Es tut weh, wenn in den Absagen steht: „Zu alt!" Bundeswehr abgeschlossen, Auslandserfahrung ..., interessiert keinen! Sieben Monate pausenloses Bewerben, Tipps holen, Bewerbungsbücher kaufen und lesen, sich vorbereiten und dennoch kein Erfolg. Aber irgendeinen Job machen, das wollte ich nicht. Ich wollte nicht nochmal so verkacken wie im Abi.

Im April, als ich endlich mein Arbeitslosengeld hatte, war ich mental auf dem Tiefpunkt. Ich hatte mich von meiner großen Liebe getrennt, hatte von dem Geld nicht wirklich viel, weil Rechnungen bezahlt werden mussten, lebte zum ersten Mal ganz allein in einer 40-qm-Bude und war eine Stunde Fahrzeit von allem entfernt, was ich kannte. Da entdeckte ich das Internet für mich. AOL für 10 Pfennig die Minute. Es war eine wilde Zeit, ich lernte viele Menschen online kennen, auch viele Frauen. Und obwohl ich nie der Typ war, der viele Frauen hatte oder wollte, in der Zeit habe ich mich ausgetobt.

In meinem Kopf waren eh alle Menschen scheiße, bis auf ein paar. Also warum sollte ich nicht auch scheiße sein? „Wenn man im Grunde seines Herzens ein guter Mensch ist, sich jedoch gegensätzlich verhält, stellt man nach spätestens zehn Jahren fest, dass man sich den Charakter versaut hat!", hörte ich damals in einem Fernsehinterview und beendete mein Arschlochverhalten augenblicklich. Dann bekam ich eine Empfehlung vom Arbeitsamt (Wunder gibt es immer wieder): Assistent für Automatisierungs- und Computertechnik. Drei Jahre Ausbildung am OSZ Energietechnik, inklusive Fachabitur. Man musste nur den Einstellungstest gut genug bestehen und war drin. COOL, genau meine Richtung! Seit meinem ersten PC mit 18 war ich zum Schrauber mutiert und hatte Spaß daran. Also ging ich zum Test und wurde Achter von achtzig Teilnehmern. Jetzt aber los! Es wurden zwei Klassen eröffnet und man erzählte uns immer wieder, dass man uns zur Elite ausbilden würde. Es hätte mich stutzig machen müssen ..., hätte! Also kniete ich mich rein und wurde Klassenbester im ersten Jahr. Ich hatte neue Freunde gefunden und einen Lernzirkel gegründet, den ich auch leitete. So wollte ich das!

Dass die Ausbildung rein schulisch war und ich BAföG brauchte, um über die Runden zu kommen, machte mich leider auch nicht stutzig, weil das mit dem BAföG alles andere als reibungslos gelaufen war, ich meinen Vater kennengelernt hatte und Millionen andere Gründe im Wege standen.

Als ich meinen Bescheid damals bekam, fiel ich aus allen Wolken: 103 DM hatte man mir bewilligt. Meine Miete betrug damals 365 DM, Kindergeld und Unterhalt bekam ich nicht. Gelegentliche Finanzspritzen von IHR bereue ich noch heute, angenommen zu haben. Mein Vater bot mir damals an, die Miete zu übernehmen, von sich aus. Widerwillig stimmte ich zu. Ich wollte es ja eigentlich alleine schaffen, ohne Hilfe. Also zog ich nach dem Telefonat mit meinem Vater

zum Amt, um das mit dem BAföG zu klären. Meine Klassenkameraden bekamen
alle deutlich mehr und ich wollte
wissen, warum ich nicht.

Meine Sachbearbeiterin sagte aber
nur: „Das wird aufgrund der Entfer-
nung zur Ausbildungsstätte berechnet,
und die ist halt nicht so weit bei
Ihnen!" Stimmt sind nur 11 km, die
ich täglich mit dem Rad fahre. Also
ging ich zur Amtsleiterin, um mich zu
erkundigen, ob das alles seine Rich-
tigkeit hat und welche Möglichkeit
ich denn nun habe. Mit nur einem Nebenjob konnte ich mir die Wohnung
nicht leisten, die Ausbildung wollte
ich aber unbedingt abschließen.

Ja, ich hatte die Zusicherung meines
Vaters, doch ich traute dem Braten
nicht, was sich im Nachhinein als
richtig erweisen sollte. Als ich dann
vor der guten Frau saß, ihr meinen
Fall schilderte und fragte, welche
Möglichkeiten mir denn nun zur Verfü-
gung stünden, hieß es: „Sozialhilfe
beantragen."

„Das habe ich bereits versucht! Dort heißt es, dass ich keinen Anspruch habe, weil mir BAföG zusteht!"

„Dann beantragen Sie nochmal Sozialhilfe und mit dem Ablehnungsbescheid gehen Sie zu …"

„Wie lange soll das dauern? Ich bin mitten in der Ausbildung. Ablenkungen sind wenig hilfreich, und der Verlust der Wohnung ist eine große Ablenkung!", wagte ich zu erwidern.

„Interessiert mich doch nicht!", war die Antwort.

FEHLER! Blöder FEHLER! WUT! HASS!

Ich weiß nicht mehr, was ich gesagt habe.

Okay, ich bin ehrlich, ich habe gebrüllt. So laut gebrüllt, dass die Vorzimmerdame hereinkam und bei meinem Blick direkt wieder den Raum verließ. Ich muss so einschüchternd gewirkt haben, dass die Amtsleiterin immer kleiner wurde in ihrem Stuhl und mit Schnappatmung keinen Ton mehr herausbrachte.

Wutschnaubend verließ ich nach 10 Minuten das Büro und fuhr weinend nach Hause. Dort war ich keine 10 Minuten, als mein Telefon klingelte.

Am anderen Ende war meine Sachbearbeiterin, die mir mitteilte, dass die BVG einen Fehler bei der Berechnung gemacht hatte und ich nun 453 DM BAföG erhalten würde. Mir war klar, dass nicht die BVG Mist gemacht hatte, sondern dass ich und mein Gebrüll einen Sieg errungen hatten. Warum aber muss man erst drohen und brüllen, um zu seinem Recht zu kommen?

Aber gut, wenn ihr Betrüger und Bescheißer das so wollt, bitte sehr! Mein Vater konnte mir die Miete keine drei Monate zahlen, und so stand ich recht schnell wieder mit sehr wenig Geld da und die Rechnungen wurden wieder fett! Mit dem BAföG und meinem Nebenjob ging es zwar, aber es ging nicht mehr locker. Und ich hatte mir mit AOL auch einen Extraschuldenberg angehäuft, den ich am Abzahlen war, was plötzlich echt weh tat.

Ich hatte in der Zwischenzeit eine neue Freundin gefunden, und wir hatten uns auch gleich wieder getrennt. Nach der Trennung verstanden wir uns jedoch viel besser als vorher. Sie bot mir an, bei ihr und ihrer Mutter einzuziehen. Die beiden wohnten in einer 6-Zimmer-Wohnung. Ihr großer Bruder war ausgezogen und so stand sein Zimmer frei, ebenso das Gästezimmer. So lernte ich ihre Mutter kennen und zog dort als Untermieter ein. – Miete inkl. Strom und Nebenkosten 350 DM für ein 25-qm-Zimmer mit Bad. Das war günstiger als meine jetzige Bude, und ich konnte mir mit Renovier- und Hausmeistertätigkeiten etwas dazu verdienen. Cool! Also zog ich dorthin und gab weiter Gas in der Schule. Ich hatte ein Ziel und sämtliche Hindernisse waren aus dem Weg geräumt. Ja, ich hatte Zoff mit meinem Vater, der damit nicht einverstanden war. Doch als ich trotzig sagte, dass ich mich auf ihn ja nicht verlassen könne, war das Thema zumindest im Hintergrund verschwunden. Am

Ende des zweiten Jahres war ich Jahrgangsbester mit einem Notenschnitt von 1,4. Endspurt! Nur noch 12 Monate und es kann losgehen! Ich hatte inzwischen einen neuen Nebenjob in einer Computerbude als Schrauber und der Chef war ein Ass, von dem ich viel lernte und wo ich gutes Geld verdiente.

Das dritte Lehrjahr war erst wenige Wochen alt, als wir darüber informiert wurden, dass die Prüfungsbestimmungen für den Assistenten geändert wurden. Das war die vierte Änderung, seit ich in der Ausbildung war. – Endlich wurde ich misstrauisch! Zuerst sprach ich mit dem Ausbildungsleiter an der Schule und fragte explizit nach der Qualität der Ausbildung, sprich von der IHK oder HWK anerkannt. Die klare Antwort war: „Natürlich sind Sie nach Abschluss IHK anerkannt! Wir bilden Sie hier zur Elite aus, Herr G.!"

Nicht überzeugt, verließ ich sein Büro und traf meinen Sport- und Digitaltechniklehrer. Ich sprach mit ihm über meine Befürchtungen und er sagte: „Ich wusste von Anfang an, dass das ein tot geborenes Kind wird!" FUCK! Warum passiert das schon wieder mir? FUCK YOU! Was hab ich getan, um schon wieder gefickt zu werden? Endgültige Klarheit brachte ein Telefonat mit dem Leiter der IT-Abteilung der IHK! Der Herr war total freundlich und glücklicherweise ehrlich: „Ja, von der Ausbildung habe ich mal gehört. Aber IHK anerkannt? Nein!" Ich bat ihn zur Sicherheit nachzusehen, da mein Ausbildungsverantwortlicher sagte, es sei definitiv IHK anerkannt.

„Es tut mir leid, Herr G.! Diese Ausbildung ist bei uns nicht eingetragen. Es gibt einen Hinweis, dass Sie eine Prüfung ablegen müssen und ihr Fachabitur erhalten, mehr nicht!"

„Also kann ich mir mit dem Zeugnis den Hintern abwischen, wenn ich nicht studieren will?"

„Ja!"

WAR JA KLAR! Mit 21 war ich schon zu alt für `ne Lehre, wie soll das erst mit 23 werden?

„Ich habe gehört, dass man bei der IHK seinen Schein machen kann, wenn man nur Berufserfahrung vorweisen kann, ohne Ausbildung. Ist das richtig?"

Gegen die Wand

Und so erfuhr ich, dass ich mit 6 Jahren Berufserfahrung bei der IHK eine Prüfung ablegen darf und dann einen Schein in der Tasche habe, der Wert hat.

„Welche Fächer haben Sie denn?", fragte er und fügte nach meiner Aufzählung hinzu: „Dann können wir Ihnen die zwei Jahre Ausbildungszeit anerkennen!"

Glück im Unglück! Also nur noch zwei Jahre voll knuffen und dann hole ich mir endlich das Papier, das mich Geld verdienen lässt. Als Ungelernter verdient man halt deutlich weniger und geht auch als Erster. Das wollte ich nicht mehr!

Natürlich erzählte ich meinem Vater davon, ich erhoffte mir Unterstützung. Dabei hätte ich wissen können, dass diese Nachricht der Auslöser für Streit sein würde. Einige Monate zuvor, als ich noch in meiner Wohnung lebte, gab es einen Vorfall zwischen meinem Vater und mir. Ich hatte ihn tagelang nicht erreichen können. Ich kannte ihn noch nicht soo lange, aber das war mein Vater ... ich machte mir Sorgen! Nach drei Tagen (Donnerstag) erreichte ich dann endlich seine Frau, die mir dann erzählte, dass er mit einem Herzinfarkt im Krankenhaus liegt. Er sei über den Berg und außer Lebensgefahr, ich müsse mir keine Sorgen machen. Ich organisierte mir am selben Tag noch eine Mitfahrgelegenheit für den nächsten Tag und bat meinen ältesten Freund mich zu begleiten. Am nächsten Morgen rief ich in der Ausbildungsstätte an, schilderte meinen Fall und teilte mit, dass ich den Tag (Freitag) fehlen werde. Dort hatte man Verständnis, als Jahrgangsbester war der eine Tag kein Thema. Jedenfalls nicht für meine Ausbilder und auch nicht für mich. Für meinen Vater sehr wohl. Als wir im Krankenhaus ankamen, war meine Stiefmutter bereits da. Weder sie noch mein Vater machten einen frohen Eindruck, mich zu sehen, weil ich ja einen Tag in der Schule fehlte. So geschah es, dass die beiden sich mit meinem ältesten Freund beschäftigten, während ich als das fünfte Rad am Wagen daneben saß und ignoriert wurde.

DANKESEHR!

Dieses Gefühl kannte ich ja schon: ausgegrenzt, unwichtig, ungeliebt und abgelehnt. Und wie bei meiner Mutter, begann ich mir noch mehr den Arsch aufzureißen. Ich wollte doch nur geliebt werden. Aber schon wieder konnte ich machen, was ich wollte, ich war und blieb der Arsch! Andere Vorkommnisse vertieften diese Gefühle, bis ich ihm irgendwann mitteilte, dass ICH mit ihm nix mehr zu tun haben will und er in meinen Augen mindestens ein ebenso großes Monster sei wie meine Mutter. Heute verstehe ich, was damals passiert ist, und sehe, wie sich mein persönliches Drama wiederholte.

Eine neue Frau gab es an meiner Seite. – Leider! Ich hielt zu ihr, obwohl sie eine echte Schlampe war. Nein, nicht im heutigen Sinn, sondern wirklich dreckig! Es kam öfter vor, dass eine Pizza über Tage oder Wochen auf dem Wohnzimmertisch gammelte. Man sah die Pizza unter Bergen von Klamotten, alten Tageszeitungen und anderen Dingen eh nach wenigen Minuten nicht mehr. Auch O-Saft auf dem Teppich muss man nicht wegmachen. – Eintrocknen lassen! Die Fliegen gehen schon wieder weg. Doch ich wollte zu ihr halten, obwohl ihre Eltern mich nicht leiden konnten und sowohl mein Vater als auch meine Mutter sie nicht mochten.

Trotz? Kann sein. Vielleicht auch einfach nur Müdigkeit. Seit der Armee war ich permanent am Ackern und Kämpfen. – Nicht das auch noch!

Sie war Bankangestellte und ich verdiente in der Computerbude wesentlich mehr, da ich dort nun in Vollzeit arbeitete. Meine Vermieterin war irgendwann auch nicht mehr mit dieser „Dame" einverstanden, und so zog ich einen Schlussstrich bei beiden. Ich zog aus und trennte mich. Man EY: Ich hatte mich doch gerade erst mit meinem Vater zerstritten, gemeinsam mit meiner Mutter hatte er mir den Geburtstag versaut. Wie konnte es sein, dass schon wieder so viel Scheiße an mir kleben musste? – Leider zog meine Ex in das selbe Haus wie ich, eine Etage über mir. Sie hing noch an mir. Ich hatte jedoch erkannt, was alle längst gesehen hatten, und wollte nicht mehr.

Silvester 1999. Party bei mir. Meine Ex und einige andere waren da. Unter anderem die große Schwester eines ehemaligen Ausbildungskameraden. Mit ihr verbrachte ich die Nacht und die folgenden zwei Jahre. So wurde ich die Eine endgültig los und setzte mir eine Schlimmere ins Nest!

Ich hatte 2000 DM im Monat und mehr aber weniger Spaß bei der Arbeit. Mehr, wenn der Chef nicht da war. Wochenendarbeit, Mehrarbeit, extra Aufgaben (natürlich alles unvergütet) und die vielen verbalen Attacken bereiteten mir mehr und mehr Magenschmerzen. Egal, nur noch ein paar Monate, dann Prüfung bei der IHK und dann leck mich! Das schaffe ich! Schon wieder abhängig, schon wieder ein Seelenfresser und schon wieder kein Ausweg. Naja, wenigstens ist zu Hause alles ok! – Doch kommt es erstens anders und zweitens als man denkt!

Meine Freundin bekam einen Bandscheibenvorfall. Arztbesuche, Medikamente und permanente Schmerzen waren angesagt. Die Schmerzen wurden schließlich so groß, dass man ihr Opiate verschrieb, woraufhin ihr die Ausbildungsstelle kündigte. Damit waren ihre Eltern nicht einverstanden und verstießen ihre Tochter. Ihre Freunde wandten sich ebenfalls ab, so dass nur noch ich übrig blieb in ihrem Umfeld.

Da Sie nur noch auf der Couch saß/lag, täglich zunahm und rein gar nichts im Haushalt tat, aber ständig Ideen und Forderungen hatte, blieb alles an mir hängen. Im Job wurde es immer schlimmer, zu Hause auch, dann kam ein Kaninchen dazu, später zwei Katzen und das Maß war langsam voll.

Mit immer schlimmeren Magenschmerzen schleppte ich mich zum Arzt, der nichts fand. Zwei Magenspiegelungen und immer noch nichts. Er unterstellte mir, ich würde markieren und schickte mich, als ich eine dritte Magenspiegelung ablehnte, zur Darmspiegelung. Ich wollte das nicht, doch wie sollte ich denn beweisen, dass ich wirklich Schmerzen hatte? – Also Darmspiegelung. Zu meinem Glück war der Arzt, bei dem ich die machen ließ total freundlich. Und als er nichts fand, führten wir ein langes Gespräch. Anschließend machten wir einen Termin zur Magenspiegelung.

Keine Ahnung, warum man das vorher zweimal übersehen hatte, doch ihm fiel sofort mein Speiseröhrenschließmuskel ins Auge und die kleinen Wucherungen, die sich dort zu bilden begonnen hatten. Reflux mit Karzinombildung war die Diagnose. Mein Arzt entschuldigte sich und begann nach meinen Lebensumständen zu fragen. Er sagte mir, wie wichtig es sei, dem Stress aus dem Weg zu gehen und auch meine Ess- und Lebensgewohnheiten umzustellen. Wenn nicht, müsse er mir in 10 bis 15 Jahren mitteilen, ich habe Speiseröhrenkrebs, welcher nicht heilbar ist. Das war vor 13 Jahren und meine Speiseröhre ist noch immer ok!

BUMM!! Die Bombe war geplatzt und mit ihr wurden alle meine Befürchtungen bestätigt. Und nur noch wenige Monate, bis das zweite Jahr voll ist ... FUCK! Natürlich sah ich zu dem Zeitpunkt nur meinen Arbeitgeber als Sündenbock, erst später verstand ich, dass er nur der Tropfen war, der das Fass zum Überlaufen brachte.

Wenige Wochen vorher waren wir offiziell zusammengezogen und hatten gemeinsam einen Zweijahresvertrag unterschrieben. Ich hatte Schulden gemacht für den Umzug und die Möbel, sie hatte sich erholt und endlich einen Job. Ich wusste, dass ich aus der Firma raus musste, und besprach das mit ihr. Sie bestärkte mich darin, und keine zwei Wochen später war ich arbeitslos. Blöd nur, dass ich den

Aufhebungsvertrag unterzeichnet habe, den man mir hingehalten hatte. Ich wusste damals nicht, dass ich dadurch automatisch 3 Monate für das Arbeitslosengeld gesperrt sein würde.

Doch es sollte noch schlimmer kommen: Weisheitszahnentzündung! Dicke Wange, krasse Schmerzen und selbst die Ibuprofen 1200 vom Zahnarzt haben nicht lange geholfen. Ich hatte bereits einen Termin beim Chirurgen, es war alles in Ordnung. – Dachte ich!

Zwei Tage vor meinem Arzttermin war ich vormittags bei einem Freund zu Besuch. Auf dem Weg zu ihm hatte ich noch mit meiner Freundin telefoniert, alles schien in bester Ordnung. Zwischendurch SMS mit: „Ich liebe dich!" usw. Allet schick, wa? Als ich am Nachmittag nach Hause kam, wartete meine Freundin mit ernstem Gesicht auf mich. Wir setzten uns und sie begann plötzlich Fragen zu stellen, die mich verunsicherten. Wie ich mir mein Leben in 5 Jahren vorstelle, was meine Ziele im Leben seien und so weiter. Wir hatten ja erst vor dem Zusammenzug genau darüber gesprochen und wir wohnten ja noch nicht lange dort, also was sollte das?

Warum immer ich

Ich brauchte nicht lange auf die Antwort warten. Als sie durch war mit ihren Fragen, teilte sie mir mit, dass sie ganz andere Ziele hätte, die wir wohl dann doch nicht zusammen erreichen würden. Schluss!
 PENG! Ich bin tot! Jedenfalls wäre ich es gerne gewesen. – Das war der Gedanke. Dem Tod von der Schippe gesprungen, Weisheitszahnentzündung, über 25.000 DM Schulden, arbeitslos, Sperre vom Amt, keinen Job und jetzt das! JAA ... FICK MICH WEITER!! IMMER FESTE DRUFF!! BIN JA NUR ICH!

Why you treat me so bad?
Die Zeit mit dir war schön.
Die Zeit war mehr als nur angenehm.
Es war das größte uns zwei zu sehn,
doch nun musste ich von dir gehen.
Dich zu verlassen fällt mir schwer,
ich vermisse dich doch noch so sehr!
Dich lieben, ich wollte nicht mehr
tun als das! Womit habe ich ihn verdient, deinen Hass?

Why you treat me so bad?
Dein Verhalten ist alles andere als nett!
Bist du sicher mit dem was du tust?
Es ist die Dunkelheit die du suchst!
Hast mich und mein Herz im Sturm genommen,
meine Wünsche sind dabei
unter die Räder gekommen.
War immer für dich da,
doch was hab ich dafür bekommen?
Wie gewonnen, so zerronnen!
Besonnen geh ich nun meine Straße hinunter.
Mein Gemüt ist alles andere als froh und munter.
Unter dem Lächeln auf meinem Gesicht,
verbergen sich Millionen Sorgen,
doch die zeig ich dir nicht!

Why you treat me so bad?
Was du getan, war alles andere als nett!
Warst du sicher,
mit dem was du getan?
Meinst du nicht,
du bestrafst den falschen Mann?

„Bleib bei mir!", möchte ich rufen.
Im nächsten Moment, hör ich mich
deinen Namen verfluchen.
Verdammt, warum musstest du alles alleine
schaffen und nix gemeinsam versuchen?
Dir den Weg zu bereiten, war nicht
meine Aufgabe,
doch dazu benutzt hast du meine Hingabe.
Die Hingabe eines Liebenden,
verwechselt hast du sie mit Selbst-
aufgabe.
Ich fühle mich missbraucht und benutzt,
fühle mich als seien Herz und Seele
beschmutzt!
Why you treat me so bad?
Mein Verhalten war auch nicht immer
korrekt.
When all is said and done,
You'll think about this day and real-
ize I was the one!

Dem Magier ist das glücklich sein
verwehrt, so sehr er sich auch nach
dem Glück der Liebe verzehrt!

Seine Gedanken in der Vergangenheit
eingesperrt,
sitzt er abseits und verzagt.
Er hofft, dass seine Liebe zu ihm
kommt und sagt:
„Ich liebe dich aus ganzem Herzen!
Verzeih mir die vielen Schmerzen!
Ich habe dich und dein Tun nicht ver-
kannt,
es dauerte nur länger, bis ich deine
Liebe erkannt!
Doch Hoffnung ist nur der Trost der
Schwachen,
es liegt nun an mir, das Beste daraus
zu machen!
Mein Lachen, wird wieder erschallen,
mein Wesen durch den Nebel der Zeiten
hallen!

Why you treat me so bad?
Habe dich nie hinter mir versteckt.
Habe dir nie Vorschriften gemacht.
Als du meinen Schmerz sahst,
hast du nur gelacht.
Besonnen geh ich nun weg von hier.
Geronnen ist mein Herzblut,
ich lass es bei dir!

Ich verlasse nun das Land der Schmerzen,
meine Heimat trag ich seit Jahren
nur in meinem Herzen!
Den Traum von Heimat wolltest du teilen,
verarscht hast du mich, ich sollte
nur bei dir weilen.

Bis du bereit warst den Weg zu gehen,
den ich vorbereitet für uns,
jetzt werd ich dich nie wieder sehen.
Will es auch gar nicht,
denn du hast viel Schmerz verbreitet!
In MIR! Und in DIR! Und in vielen anderen Seelen!
Ich wünsche dir, dass Albträume dich
quälen!
Nicht WIRKLICH!
Doch frag ich dich im Traum immer
wieder:
„Warum machst du für deine Fehler andere nieder?
(2001 nach der Trennung geschrieben)

Ich wollte sterben! DAS war einfach
zu viel! Und dennoch lebe ich: Danke

Heiko! Danke Nina! Die beiden halfen mir, das durchzustehen. „Wenn du heute gehst, wirst du nie erfahren, ob nicht morgen dein Glückstag gewesen wäre!" Das hielt mich damals über Wasser. Auch heute irgendwie. Nach dem Zahnschlächter (Chirurg sollte der sein. Hatte wohl auf der Rolltreppe sein Zertifikat gefunden, oder was?) nahm ich mein Leben wieder in die Hand.

Keine 10 Tage später hatte ich wieder einen Job bei einer Zeitarbeitsfirma und verdiente wieder mein Geld. Meine Ex machte mir Hoffnungen und sagte sinngemäß, wenn ich so weitermache, wir wieder zueinanderfinden würden. Zumindest wenn sie einen guten Tag hatte. An den anderen Tagen war ich schlimmster Abschaum und es war unerträglich auch nur in einer Wohnung mit mir zu leben. Irgendwie glaubte ich ihr nicht mehr, was sich als klug herausstellen sollte!

Den Terror mit meiner Ex verkraftete ich relativ gut, denn ich hatte durch Zufall herausgefunden, dass sie bereits vor der Trennung von mir mit einem anderen eine Liebschaft hatte. Keiner wusste es und sie sagte es auch niemandem, da sie um ihren Ruf fürchtete. Blöd nur, wenn deine Freunde zu mir kommen und fragen, was los sei. Sie war ja nicht erreichbar, wenn sie bei ihm war. – Ja, ich stellte sie bloß und genoss es.

Sie zog zu ihrem Neuen nach Leipzig. Doch aus dem Mietvertrag kam sie nicht raus, und ich wollte ihn nicht übernehmen. Sie wollte damals umziehen, sie musste fremdgehen, also warum sollte ich ihr das Leben erleichtern? Sie hatte mich ja gerade in die Hölle verbannt.

Hätte ich damals schon gewusst, was dieses verlogene Miststück noch alles angestellt hat, säße ich heute im Gefängnis: Sie hatte mich schon vor dem Umzug um Geld betrogen. Von wegen, sie hat Telekom und Strom eingezahlt. Selbst die Mahnungen hat sie verschwinden lassen. Als dann Telefon, Strom und auch Gas abgestellt wurden, fiel ich aus allen Wolken. Ich wusste ja von nichts. Ich hatte ihr rund 4000 € für diese und andere Rechnungen gegeben, ohne jemals nach Quittungen gefragt zu haben. Die Mietkaution hatte sie eingezahlt, mein Geld, aber ihr Name – jaja, selbst schuld! Natürlich habe ich beim Auszug nicht renoviert. Es war mein Geld, das als Kaution hinterlegt war, und sie würde es nur aus meinen kalten toten Fingern bekommen.

Schlimmer noch: Eigentlich war es das Geld von der Frau, bei der ich vorher zur Untermiete gewohnt hatte. Sie hatte es mir geliehen. Und zu meiner Schande muss ich gestehen, dass ich ihr bis heute keinen Cent zurückgezahlt habe. Erst konnte ich es nicht, und inzwischen ist die Scham so groß, dass ich es nicht wage, ihr ohne das Geld plus Zinsen unter die Augen zu treten. Sie hat es nie verfolgt und ich habe mich feige verpisst. Es grämt mich sehr, doch den Mut mich bei ihr oder ihrer Tochter zu melden habe ich nicht! Ich ha-

be nie behauptet ein Säulenheiliger
zu sein, doch von allem was ich angestellt habe in meinem Leben, schäme
ich mich für diese Tat heute noch am
meisten.

NEU: Part 1

Also stand ich wieder bei NULL! Die
Prüfung bei der IHK konnte ich
erstmal vergessen! Doch in der Situation war mir das eh egal. Ich hatte
schon wieder alles verloren, was ich
mir jahrelang aufgebaut hatte. Und
ich war *schon wieder* dabei, alles neu
zu machen.

Dank meiner Tüchtigkeit bekam ich
wieder einen festen Einsatzort und
eine schnelle Erhöhung meines Stun-
densatzes bei der Zeitarbeitsfirma.
Dort bescheinigte man mir auch, dass
ich während meiner Einsatzzeit primär
in im IT-Bereich tätig war, obwohl
ich vom Lagerhelfer zum Sachbearbeiter aufgestiegen war. Ich gab Touren-
pläne ein und erfasste die erledigten
Lieferscheine. Gelegentlich kümmerte
ich mich um den eigensinnigen Nadel-
drucker oder half dabei eine Tastatur
oder Maus zu tauschen.

Ich hatte endlich die zwei Jahre
Praxiserfahrung beisammen. So kopier-
te ich Zeugnisse, Arbeitsverträge und

alle notwendigen Bescheinigungen, stellte bei der IHK den Antrag auf Prüfung zum IT-Systemelektroniker und tat alles in einen großen Umschlag. Die Prüfung sollte 400 DM kosten, die hatte ich ebenfalls angespart, ich wollte nichts dem Zufall überlassen. Doch ich hatte die Rechnung mal wieder ohne den Faktor LEBEN gemacht: keine Prüfungszulassung! Angeblich zu viele Prüflinge: „Versuchen Sie es in 6 Monaten nochmal!"

Insgesamt habe ich vier Mal einen Antrag auf Prüfung zum IT-Systemelektroniker gestellt. Der einzige Freund aus Kindertagen, der immer, auch heute noch, zu mir hielt, war bereits IT-Systemelektroniker und kann nach eigener Aussage nicht einmal halb so viel. Ich wusste, wenn ich zugelassen werde, dann rock ich den Saal. Die Projektarbeit inkl. Präsentation war vorbereitet. Wie ein Bluthund auf der Jagd wollte ich endlich zeigen, was in mir steckt.

Als ich nach dem vierten Antrag wieder eine Absage erhielt, passierte etwas, das mir immer wieder im Leben passiert war: SCHEIß DRAUF! – Hallo, ich reiße mir den Arsch auf und tu und mach, ihr bekommt 400 *Schleifen* für eine lausige Prüfung und wollt mein Geld nicht! Dann fickt euch alle selbst und lasst mich in Ruhe!

„Wer beschissen werden will, der soll haben wonach ihm verlangt", so dachte ich, schnappte mir das Abschlusszeugnis meines Freundes, scannte es ein und dank Paintshop war nun auch ich ein zertifizierter IT-Systemelektroniker.

Nun hatte ich, was ich wollte. Glücklich oder auch nur zufrieden war ich jedoch nicht! ICH wusste, dass der Schein ein Fake ist, und mit diesem Wissen und vor allem Gewissen hatte ich lange zu tun. Heute sehe ich zwar noch immer mein Unrecht, doch habe ich niemandem damit Schaden zugefügt. Ich arbeitete an Maschinen und gab mich nicht als Arzt aus. Ja, es ist noch immer Beschiss, doch von einer Art, die niemandem Schaden zufügt. Außerdem ist es ja nicht so, dass ich es nicht kann.

Ich war in der Zwischenzeit vom Leiharbeiter zum Angestellten aufgestiegen. Ja, die Firma, bei der ich als Leiharbeiter war, stellte mich ein. Genauer gesagt, ein Subunternehmer von denen. Ich wurde Fahrer für Hygieneartikel, Handtuchrollen, Schmutzfangmatten, Seife, Duftspender und vor allem Damenhygienebehälter. Ja, Sie lesen richtig, ich habe zwei Jahre lang Bindeneimer getauscht. – Na und? Für 2000 DM (sogar 1100 €) im Monat mache ich `ne ganze Menge. – Leider! Denn einen Achtstundentag gab es nicht mehr. Zehn Stunden täglich und mehr. Anfangs auf einem Transporter, der gefühlt älter war als ich.

Mein Chef hatte sich den neuen Wagen genommen und mir seine Startkarre überlassen. Egal, ich konnte inzwischen alles fahren, was vier Räder hatte und sogar kleinere Mängel selbstständig beheben. Doch nach wenigen Monaten zeigte sich das Alter des KFZ doch deutlich, ebenso die un-

glaubliche Dreistigkeit meines Chefs.
Anfangs hatte ich bis zu 800 € Außen-
stände, weil ich ja immer von meinem
Geld tanken musste. Das machte ich
drei Monate mit, danach gab es dann
eine Tankkarte, sicherlich auch, weil
ich meinem Chef deutlich gesagt hatte, dass mir der Job SO zu teuer ist.
Das war auch noch ok, doch als die
Lichtmaschine des KFZ den Geist aufgab und ich mit einer kochenden Bat-
terie unterm Sitz die Tour zu Ende
fahren sollte, anstatt in die Werkstatt zu fahren, war ich leicht ver-
stimmt. Als er, wenn auch scherzhaft,
mich dafür verantwortlich machte, war
ich gefrustet. – In jedem Scherz
steckt aber ein Körnchen Wahrheit.
Und als dann die Zylinderkopfdichtung
den Geist aufgab und ich mit Öldämp-
fen in der Fahrerkabine die Tour zu
Ende fahren sollte, wurde ich sauer.
Trotzdem fügte ich mich der Arbeits-
anweisung, fuhr nicht in die Werkstatt und hustete mir zwei Wochen
lang die Seele aus dem Leib. Wieder

wurde ich für den Schaden verantwortlich gemacht, diesmal ohne Scherz!

Ja, nee is` klar! Ich bin schuld,
wenn ein Verschleißteil den Geist
aufgibt? – Verstehe!

Keine zwei Wochen später gab der
Bremszylinder seinen Geist auf, und
WIEDER sollte ich die Tour zu Ende
fahren. Diesmal fuhr ich in die Werkstatt. Das war gefährlich und ich
wollte nicht auch noch schuld an einem schlimmen Unfall sein. Ich sprach
selbst mit dem Meister, welcher mir
versicherte, dass ich an keinem Schaden schuld war, sondern der Zahn der
Zeit. Ein VW LT aus den 1980ern ist
nach 20 Jahren und etlichen Hundert-
tausend Kilometern Einsatz einfach
mal fertig. Gespeichert die Info,
vielen Dank!

Natürlich durfte ich die Tour anschließend nachfahren, doch damit
hatte ich gerechnet, ebenso wie mit
der Tatsache, dass ich wieder schuld
war und deshalb auch die Extrastunden
nicht vergütet bekam. Doch was sollte
ich denn machen? Ohne Job kein Geld,

ohne Geld und mit dem Schuldenberg? –
Fuck!

Wenige Wochen später hatte dann auch
ich ein neues KFZ. Da ich ja vorher
im Büro war und die Touren erfasst
hatte, wusste ich, wie viel ich ein-
fahre. Mein Chef hatte dank dem alten
KFZ und mir auf den Touren jede Woche
mindestens 200 bis 500 € Gewinn ein-
gefahren. Dass der jetzt kleiner wurde, war nicht mein Problem. Der große
Knall kam, als ich im zweiten Jahr
meinen Urlaub nahm.

Ich bekam die Aufgabe, meine Vertretung einzuweisen, was ich auch tat.
Die Extrastunden blieben wie immer
unvergütet. Das war ja nicht neu,
auch wenn es den Frustpegel steigen
ließ. Als ich aus dem Urlaub wiederkam, hatte meine Vertretung so viel
liegen gelassen und einen Unfall gebaut und Mist gemacht, dass ich in
der ersten Woche nach dem Urlaub auf
über 60 Arbeitsstunden kam, nur um in
der zweiten Woche so langsam auf ein
Normalniveau von ca 50 Stunden zu

kommen. Der Urlaub war direkt vergessen und die Erholung nichtig.

Ich hielt noch 5 Monate durch, dann hatte ich eine neue Stelle und kündigte fristlos am 31. Dezember. Mit einem Kumpel als Zeugen übergab ich die Schlüssel und Papiere und lachte nur, als mir mit dem Anwalt gedroht wurde. Um mir doch noch eins reinzuwürgen, behielt mein Chef mein Gehalt ein. Vermutlich ging er davon aus, dass ich das hinnehmen würde.

Der Brief meines Anwalts für Arbeitsrecht belehrte ihn eines Besseren. Die 80 € waren gut investiert. Mir wurde zur Klage geraten, doch ich wollte das nicht. Ich hatte einen neuen Job, war wieder in meiner Branche unterwegs, warum soll ich mich streiten? Mein Geld habe ich und mit dem Idioten habe ich nix mehr zu tun, ist doch alles in Ordnung! Den neuen Job hatte ich zufällig ergattern können. Als ich einem Kunden Duftspender brachte, sprach mich ein Gast an und wir kamen ins Gespräch. Als er erfuhr, dass ich IT-Systemelektroniker bin, bat er um meine Bewerbungsunterlagen. Zwei Wochen später saßen wir abends im Pub und führten ein Bewerbungsgespräch. Er wollte mich haben und gab mir dadurch die Gelegenheit meinem Chef zu zeigen, wo der Hammer hängt. Vielleicht nicht die feine Art es so zu regeln, doch sah ich keinen anderen Weg.

Ich war wieder Schrauber in einer Computerbude. Ich lernte viel Neues, vor allem aber Menschen zu führen. So wurde ich Werkstattleiter. Mehr Verantwortung bei gleichem Geld. – Egal! Ich lernte auch zu verkaufen! Mein neuer Chef war ein geborener Verkäufer, wenn er auch sonst nicht viel konnte, labern auf jeden Fall. Leider konnte er nicht mit Geld umgehen, und so verließ ich die Bude nach 2 Jahren, bevor er mein Gehalt gar nicht mehr zahlen konnte. Ja, und auch weil er mir den Griff in die Kasse unterstellt hatte. Dabei war ich damals so blöde, Fehlbeträge bis 20 € am Tagesende aus dem eigenen Portemonnaie zu zahlen. Da tat die Frage echt weh.

Auch weil er derjenige war, der Bar-
entnahmen meistens nicht ins Kassen-
buch eintrug und wir immer nachfragen
mussten, wann er denn überhaupt erreichbar war. Im Laden war er nicht
oft zu sehen.

NEU: Part 2

In diesen rund vier Jahren war ich
mit einer total süßen kleinen Köchin
zusammen. Sie war ein zartes Persön-
chen von unter 1,6 m. Und als wir uns
näher kennengelernt hatten, erkannte
ich, dass sie ein Mäuschen war. Ja,
sie ließ sich von jedem echt viel gefallen, dafür hatten ihre Eltern ge-
sorgt. Man kann einem Menschen auch
einreden, er sei dumm! Dagegen war
ich ein Waisenkind, das im Paradies
aufgewachsen war.

Ich war für sie da, half ihr durch
die Ausbildung, mit ihren Eltern
klarzukommen und auch ein Selbstwert-
gefühl zu entwickeln. Sie war für
mich da, half mir oft bei meinen Touren und mit meiner Vergangenheit auf-
zuräumen. Dabei entwickelte sich unsere Beziehung immer mehr zu einer
Bruder-Schwester-Beziehung, zumindest
für mich.

Als es in der Computerbude abwärts
ging, war es auch mit uns zu Ende.
Ich hatte einfach keine Kraft mehr,

mich auch noch um sie zu kümmern, ich war selbst am Ende. Wir haben es gut hinbekommen, wohnten weiter zusammen. Keiner von uns hatte jemand Neues, wollten wir beide nicht. Schließlich standen wir am selben Punkt: Wie geht es jetzt weiter? Für sie ging es recht schnell weiter. Ich war arbeitslos, hatte mich jedoch nicht arbeitslos gemeldet. Nach den Erfahrungen der Vergangenheit wollte ich es ohne das Amt packen.

So hielt ich mich mit Gelegenheitsjobs und der Unterstützung meiner Ex über Wasser. Im Gegenzug half ich ihr, ihren Traum zu verwirklichen. Durch die Prüfung hatte ich ihr bereits geholfen und nun unterstützte ich sie dabei, eine Stelle in der Schweiz zu ergattern. – Es gelang, sogar in einem Hotel ihrer Fachrichtung. Fünfhundert € mehr Gehalt als in Deutschland und die Miete inkl. Nebenkosten schon bezahlt.

Und auf einmal war ich wieder allein. Meine inzwischen beste Freundin in der Schweiz, keinen festen Job, eigentlich ungelernt und gerade erst wieder von einer Frau verarscht worden. Ja, in der Zwischenzeit hatte ich jemanden kennengelernt und bereits nach zwei Wochen bereut, es getan zu haben. Es war die Frau eines guten Bekannten. Ich verlor beide.

Mein Fehler, mich darauf einzulassen! Und so stand ich da: 29, nix gebacken, immer noch Schulden am Arsch, allein. Eigentlich war ich soweit, eine Familie gründen zu wollen: Frau, Kind, Haus im Grünen. Was man sich eben so vorstellt. Und wieder war ich davon so weit entfernt wie nur irgend möglich. Diesmal fehlte mir jeglicher Antrieb. Wozu auch? Die Frauen hier sind scheiße oder hilflos. Und die einzige Frau, die es nicht war, hast du selbst vergrault. Die meisten Chefs gehören in die Klapsmühle oder in SM-Studios und Freunde hast du genau einen. Ich hatte mich immer um alles und jeden gekümmert und war immer auf der Strecke geblieben. Ich hatte immer die Probleme anderer gelöst. Und als ich es geschafft hatte selbst um Hilfe zu bitten, musste ich feststellen, dass ich es allein schaffen darf. In meiner Jugend wollte ich immer alles allein schaffen, inzwischen hatte ich verstanden, dass Hilfe annehmen von Stärke und nicht wie geglaubt von Schwäche zeugt. Doch geholfen hat das auch nix. – In all den Jahren waren lediglich zwei Menschen geblieben, die ich um mich haben wollte, und zwei, denen ich gerne schlimme Dinge antun wollte.

Schon wieder neu ...

Dass ich in all den Jahren hin und wieder mit Freunden einen Joint geraucht hatte, sollte mir in der Situation schaden. Ich besorgte mir ordentlich was zu rauchen und verbrachte die nächsten drei Monate im Dauerjum! Morgens aufgewacht und noch vor dem Gang zum WC erstmal die Bong an den Hals und Feuer frei. Dann Duschen, anziehen, Haushalt, Einkauf und den Rest des Tages spielte ich Playstation. Drei Monate lang war jeder Tag gleich.

 Eines Morgens erwachte ich und wollte wieder direkt die Bong anzünden, als ich sie unbenutzt wieder abstellte. Ich hatte eine Frage an mich selbst und die wollte ich erst klären: „Wenn jeder Tag gleich ist, wo ist dann der Unterschied zu tot sein?" Die Antwort liegt auf der Hand: Es gibt genau GARKEINEN! – Aua, die Erkenntnis tat weh. Ich hatte die Wahl, entweder weiter tot in der Ecke zu liegen oder wieder aufzustehen und

Gas zu geben. Folgendes Lied schrieb
ich an diesem Tag.

Kind der Dunkelheit

Noch vor meiner Geburt, war ich der
Grund für die Trennung meiner Eltern.
Noch vor meiner Einschulung, war ich
der Grund,
dass niemand meiner Mutter zur Seite
stehen wollte.
Noch vor meiner Lehre, war ich der
Grund, der den Vater meiner Halbschwester vertrieb!
Wann immer etwas geschah, gab man mir
die Schuld!
Geboren in Dunkelheit, aufgewachsen
in Einsamkeit.
Das Leid der Familie auf meine Schultern geladen,
ging ich immer weiter und war immer
bereit mit dem Schicksal zu hadern.
Mit hängendem Kopf und den Rücken ge-
beugt, bot ich `nen Anblick,
der meine Feinde erfreut.
Doch trotz jedem Rückschlag vergesse
ich nicht:

Ich bin ein Kind der Dunkelheit,
doch ich führe ins Licht!

Es kam die Zeit der Frauen und der
Liebe, doch unterdrückte ich immer
meine Triebe,
denn ich lernte auf die harte Tour:
Liebe ist eine Partitur für zwei,
die geben und nehmen jeden Tag!
Eine Ansicht, die den wenigsten gefallen mag. Trauer, Schmerz und Wut
wurden meine Begleiter!
Verletzt schleppe ich mich immer weiter und sag `s euch ins Gesicht:
Ich bin ein Kind der Dunkelheit,
doch ich führe ins Licht!

Ich stahl, ging fremd und log!
Ich sagte nie, dass ich nicht ver-
diente, dass man mich betrog!
Doch auch für die Taten des Guten,
mussten Herz und Seele bluten.
Wann immer Not war am Mann:
„Holt den Großen, wenn`s einer kann,
dann er!"
Hinterher: Der Tritt! Frag nicht nach
Sonnenschein!

Und nachträglich: Lass uns doch
Freunde sein!
Doch jeder, ob er mich liebt oder
hasst,
weiß nichts von meiner Last.
Ich bin ein Kind der Dunkelheit
und ich führe ins Licht.
Doch die Dunkelheit verlassen,
das schaffe ich nicht!

An dem Tag fuhr ich zum Arbeitsamt
und meldete mich endlich nach 9 Monaten arbeitslos. Dann fuhr ich nach
Hause und begann die Stellenanzeigen
zu studieren und Bewerbungen zu
schreiben. Ich war wieder im Internet
unterwegs und knüpfte Kontakte, ebenso wie ich wieder draußen unterwegs
war, um Kontakte zu knüpfen. Ich
spielte wieder Tischtennis und Bas-
ketball. Ich saß auch mal vor der
Playstation, und wenn Besuch da war,
wurde auch mal Gras geraucht, aber
nicht mehr in den Mengen und der Häufigkeit. Auch die Rollenspielerei war
noch immer aktuell. Ja, dieses Hobby
habe ich mehr als 10 Jahre gepflegt.

Doch einen Job fand ich so schnell nicht. Zeitarbeit war mit 4, 37 € Brutto sowas von uninteressant. Und obwohl mich diverse Drückerkolonnen angesprochen hatten, das schnelle Geld lockte mich nicht. Ich wollte endlich DEN Job machen, nicht irgendeinen. Vielleicht im Ausland ... Wie gesagt, kein Erfolg damit. Doch ein anderer Erfolg stellte sich ein. Ich lernte meine jetzige Frau über das Internet kennen. Und ich wehrte mich mit Händen und Füßen gegen mehr als nur Nachrichten austauschen. Irgendwann telefonierten wir dann doch. Irgendwann trafen wir uns auch, und es war schön! Es war anders als bisher, ich war anders. Ich sagte, was ich wollte, welche Ziele ich habe und dass ich keine Zeit mehr zum Herumprobieren habe. Ich packte alle meine Karten offen auf den Tisch und forderte das selbe von ihr.

Und ich bekam es! Es gab zwar kein richtiges Kribbeln, aber das hatte ja bisher auch nicht geholfen. Doch eine Frau mit Kind, zwei Jahre älter ...

Ich war unsicher! Erst recht, nachdem ich erfuhr, dass sie mit ihren Eltern und dem Opa auf einem Grundstück lebt. Aber irgendwie habe ich mich dann doch breitschlagen lassen, das Weihnachtsfest dort zu verbringen. Seitdem lebe ich hier!

Ich war noch immer arbeitslos und hatte wenig Erfolg bei der Jobsuche. Ein tolles Bewerbungstraining half mir, weitere Stärken zu erkennen und meine Kommunikation auszubauen. Am wichtigsten jedoch war der Hinweis, dass ich nicht nur mit Maschinen gut kann, sondern auch mit Menschen. Klar hatte ich das bereits in Bosnien gelernt, hatte daran weiter gearbeitet, doch den Mut etwas daraus zu machen hatte ich bisher nicht. Auch nach dem Training noch nicht. – Als ich nun wieder motivierter ans Bewerben ging, blieben die Erfolge dennoch aus.

Ja, ich hatte einen Abschluss, wenn auch einen gefakten, doch irgendwie interessierte sich niemand dafür. Keiner wollte das Zeugnis auch nur sehen, soweit kam es gar nicht. Nur

IT-Systemelektroniker ..., der kann ja nix. Berufserfahrung nutzt in der IT nur bedingt etwas, aufgrund der Schnelllebigkeit. Also brauchte ich Zusatzqualifikation. Die bot ein Bildungsträger in einer Zeitungsanzeige an. „Sponsored by Arbeitsamt" konnte man dort in wenigen Monaten IT-Zertifikate machen. Also beschloss ich, wieder die Schulbank zu drücken. Doch ohne Zustimmung vom Amt wird das nix. Dort wollte man mir aber den Kurs nicht genehmigen, obwohl ich 200 Stellenanzeigen aus den letzten 2 Wochen dabei hatte, in denen mindestens ein Schein, den ich abschließen konnte, verlangt wurde. Ohne eine Übernahmebestätigung wollte man mir den Kurs nicht genehmigen.

Der Kurs sollte 5 Monate gehen. Welches Unternehmen kann denn heute sagen, dass es in 5 Monaten einen IT-Spezi braucht? Die wenigsten! Ob es heute einen braucht, das können alle beantworten, aber in einem halben Jahr?

Zum Glück ist solch ein Schreiben das Papier nicht wert, auf dem es gedruckt ist. Selbst mit Stempel und Unterschrift kann ich den dort versprochenen Job nicht einklagen. Dennoch stellen Firmen solche Scheine ungerne aus. Zum Glück hatte meine Frau ihre eigene Firma. Nebenberuflich zwar, aber das wusste das Arbeitsamt ja nicht. Also stellte sie mir diesen Wisch aus und ich bekam meine Bewilligung. – Die Wohnung in Berlin hatte ich noch. Und ich nutzte sie wieder, da ich echt büffeln musste, um mithalten zu können.

Wir waren 15 Mann im Kurs und ich war einer von Fünfen, die ihn ernst nahmen. So kam es, dass wir fünf zur „Elite" wurden. Wir lernten gemeinsam, gingen gemeinsam in die Prüfungen und bestanden gemeinsam. Mit uns konnte man arbeiten, während andere spielten oder schliefen.

Linux Professional Institute Certified Level 1 - LPIC 1 Linux Junior Admin: zwei Prüfungen, die erste gepackt! Die zweite zweimal gemacht, weil es beim ersten Durchgang technische Probleme gab, und auch gepackt.

Oracle Certified Associate - OCA Datenbankadmin: zwei Prüfungen, beide mit Bravour bestanden, trotz fetter Erkältung.

Cisco Certified Network Associate - CCNA Netzwerkadmin: Eine Prüfung komplett in Englisch. Fragen mussten sequenziell abgearbeitet werden, und bestanden ab 850 von 1000 Punkten. – Erster Versuch 843 Punkte, zweiter Versuch 840 Punkte. Beim dritten Versuch 1000 von 1000 in unter 50 % der Zeit! Den ersten Versuch hat immer das Amt gezahlt, alles andere ich. Bei rund 200 € pro Prüfung kein billiger Spaß. Doch die Scheine sind nichts im Vergleich zum größten Erfolg: Ich wusste, was und wo ich in Zukunft arbeiten wollte. Dank meines Linux-Trainers: Nicht weil er mir gute Tipps gab oder wir lange Gespräche führten oder weil er irgendwas für mich tat. Nein, ich war von den 8 Wochen Unterricht bei ihm insgesamt drei Wochen anwesend. Den Rest der

Zeit verbrachte ich lernend zu Hause, in Absprache mit dem Bildungsträger. – Warum? Weil der Mann offensichtlich überhaupt nicht wusste, was Unterrichten ist! Fit in Linux war er, keine Frage, aber didaktisch eine absolute Null. Das konnten wir alle bereits damals beurteilen.

Hier ein Beispiel aus dem Unterricht: „Meine Herren, ich zeige Ihnen jetzt drei Kommandos: Cat, Cut und Sort. Cat gibt Dateien zeilenweise aus, Cut schneidet Zeichen aus Datenströmen oder Dateien aus und Sort sortiert Datenströme. Sie haben nun 15 Minuten, viel Spaß!" Und wir alle fragten uns: wobei? Was sollen wir jetzt machen?

Natürlich haben wir ihn darauf angesprochen und um konkrete Aufgaben gebeten. Wir hatten ja vorher den CCNA gemacht und da gab es zu jedem Kommando mindestens eine Übungsaufgabe vom Dozenten. Hier gab es nur die Kommandos und Zeit, konkrete Aufgaben, Anwendungsbeispiele etc. fehlten völlig. Dafür gab es mindestens einmal pro Stunde den Satz: „Ich bin LPIC 1 und ein Linuxcrack!"

Das zweifelte auch keiner an, doch wenn ich eh alles alleine machen muss, dann bitte nicht mit noch 14 Mann im Raum und mit dem Standardwerk zur Prüfungsvorbereitung. Ich besprach mein Vorhaben mit der Kursleitung und blieb nach 10 Tagen Kurs zu Hause. Im zweiten Teil genauso. Beide Prüfungen bestanden, stellte ich mich rotzefrech vor die Kursleiterin und sagte: „Lpic 1 bin ich jetzt auch und besser bekomme ich so einen Kurs auch hin!"

Sie antwortete: „Dann sammel mal ein bisschen Erfahrung und du kannst den nächsten Kurs geben!"

Der Aufstieg ...

Meine Kurse waren im Dezember beendet, ab dem 5. Januar war ich selbstständig als IT- und Bewerbungstrainer. Am 10. Januar gab ich mein erstes Bewerbungstraining und im August gab ich meinen ersten Linux-Kurs. – Oh man, war ich nervös, als ich erfuhr, dass gleich zwei Linux-Admins im Kurs sitzen: beide mit Berufserfahrung. Und ich stehe vor denen und soll was von Linux erzählen. FALSCH! Mein Job ist es, eine Prüfungsvorbereitung durchzuführen. Klar sind die fitter im Linux als ich, aber ich weiß, was dran kommt und wie es abläuft. Die kennen viele Kommandos sehr gut, doch die wenigsten kommen in der Prüfung dran. Die die dran kommen kann ich im Schlaf auf Kisuaheli rückwärts rappen. UND ich habe eine Doku zum Kurs. Die nur das olle Buch, in dem eh nur die Hälfte drin steht.

So schrieb ich parallel zum Kurs meine Lernmaterialien ab und machte eine Kursdokumentation, die ich immer am Freitag verteilte. So konnte jeder Teilnehmer seine Unterlagen abgleichen und vervollständigen. Mir kam die Idee Tests zu schreiben, um den Wissensstand abzufragen. Sie wurde begeistert angenommen. Also schrieben wir ab sofort jeden Freitag einen Test: 90 Minuten, 60-70 Fragen zu Multiple-Choice und Fill-in-the-blank. So sieht die Prüfung auch aus. Also wollte ich Folgendes schaffen: schwerer Test, leichte Prüfung.

Als der Kurs nach 8 Wochen rum war, war ich zwar fertig, jedoch auch total glücklich. Von 12 Mann hatten 11 bestanden und meine Trainerbewertung lag bei 1,2. Das hatte bisher noch keiner geschafft, so viele durchzubringen. Und bei dem Bildungsträger galt damals noch: Trainer, die besser sind als 1,8 werden wieder gebucht! Und der Tagessatz war auch um 50 % höher als bisher. Vorher lief es schon sehr gut für mich, ich hatte seit meinem Start noch keinen Monat Leerlauf. Das Geld reichte aus. Und die ein, zwei Wochen zwischen den Kursen schätzte ich sehr. Dies sollte sich ändern, den Grundstein hatte ich gerade erfolgreich gelegt.

Es folgten weitere LPIC-Kurse und ich feilte immer mehr an meiner Methodik, an meinen didaktischen Fähigkeiten und befasste mich mit dem Zusammenhang von Hirnchemie und Lernen. Dann wurde ich gefragt, ob ich einen CCNA geben könne. - PANIK!

Erster Gedanke, das sagte ich auch direkt so. „Für nochmal 50 € mehr auf den Tagessatz? Mit der Hilfe von meinem damaligen Trainer, zumindest seiner Teildoku zum Kurs? Okay das kriegen wir hin.“

Ich hatte zwei Wochen Zeit bis Kursbeginn und gab für genau diesen Zeitraum noch einen LPIC. Tagsüber Linux, am Nachmittag Cisco-Doku schreiben und Kursvorbereitung. Fünfundachtzig Prozent Durchfallquote bundesweit für diese Prüfung. Das nimmt Druck, es mussten nur ein oder zwei Teilnehmer bestehen und ich war safe. „Das bekomme ich hin!“

Oh man, war ich blind!

Es kam natürlich anders: Es bestand nur einer ... nicht! Meine Art, meine Doku, die Freitagstests und meine LPIC-Teilnehmer ..., was hätte denn da schief gehen können? Wir waren schon eingespielt, und als die Prüfung kam, waren zwar alle aufgeregt, aber die wenigstens hatten Angst. Jeder wusste, dass ich sie bis an ihre Grenzen gefordert und in den Übungen immer auf 150 % gesetzt hatte, so dass letztlich die Prüfungsfragen leichter sein würden als meine Testfragen. Und plötzlich war mein Name bei den Teilnehmern anderer Kurse im Umlauf. Jeder der den LPIC machen wollte, wollte ihn bei mir machen. Beim CCNA war es mein Ausbilder und ich.

Meine Dokumentationen waren beliebt und ich entwickelte sie mithilfe meiner Teilnehmer ständig weiter, ebenso wie mich. Bewerbungstrainings gab ich bereits nach 8 Monaten keine mehr. Ich hatte keine Zeit mehr dafür. Ich war bereits im ersten Jahr bei rund

40 Wochen Auslastung und 37.000 Umsatz, plus Ich-AG.

Im zweiten Jahr musste ich mir bereits Wochen für Urlaub und Erholung blocken, ich hatte bereits Mitte Februar meinen Terminkalender gefüllt. Im dritten bis fünften Jahr war ich bereits Ende Januar voll.

Ich gab stellenweise drei Kurse an einem Tag: LPIC 8 bis 16 Uhr, 16:30 bis 18:30 Uhr IT & Business English Basics, 20:30 bis 23:30 Uhr Zeitmanagement mit Outlook. Mehr als zwei Drittel des dritten Jahres war ich in Deutschland unterwegs. Ich war in Halle, Hamburg, Erfurt und Chemnitz gebucht. Das vierte Jahr verbrachte ich fast ausschließlich in Hamburg. Ich war für 10 Monate dort gebucht und hatte davon 8 Monate lang zwei Kurse parallel zu laufen: 8 bis 16 Uhr und 17:30 bis 22:30 Uhr Cisco und LPIC 1, 2 und 3. Ja, ich hatte mich auch noch weitergebildet in der Zeit.

Absturz

Im dritten Jahr meiner Beziehung, also dem zweiten Jahr der Selbstständigkeit, passierte etwas Schreckliches. Ich war glücklich mit meinem Leben, meiner Arbeit, meiner Familie. Es gab natürlich viel zu tun. Opa war demenzkrank und alle halfen mit bei der Pflege. Meine Frau wurde gemobbt und ich stand ihr in der harten Zeit bei und unterstützte, wo ich nur konnte. Das war alles noch im grünen Bereich. Klar war ich noch immer der „Neue", aber ich brachte mich ein so gut es ging und war letztlich sogar die Stütze der Familie. In jeder Hinsicht! Nein, das, was kam, war krasser und ich zerbrach beinahe daran. Urlaub, Sommer, Sonne, kroatische Riviera, Schwester, die Tante meiner Frau mit Mann und Kind, ein Freund, meine Frau, ihr Kind und ich. Die Situation zwischen meiner Frau und mir war gespannt.

Sie war endlich raus aus der Firma, in der sie gemobbt wurde, doch ich kroch nervlich bereits auf dem Zahnfleisch. Die Kleine war total verunsichert und wurde auch noch über alle Maßen verwöhnt, obwohl wir gemeinsam beschlossen hatten, das „ich-will-haben-haben-haben" der Kleinen zu unterbinden. Also setzten wir uns zusammen und sprachen uns aus. Wir stritten nicht, es gab kein Zeter und Mordio, alles im grünen Bereich. Bis das Folgende kam: „Ich habe beschlossen, meine Selbstständigkeit auszubauen und ein Kind passt da nicht rein. Ich weiß, du willst Kinder haben, aber ich nicht mehr!"

BUMM!! Die Bombe war geplatzt und ich saß genau davor! Und schon wieder behandelte mich ein Mensch, den ich liebte, für den ich alles gegeben hatte ... behandelte mich wie wertlosen Müll. Aber wir hatten doch was ganz anderes besprochen und geplant. Und ich verdiene doch genug und warum passiert das gerade und ... in meinem Kopf!

Ich brachte erstmal keinen Ton heraus. Ich war gelähmt. Wie immer, wenn ich abgewatscht wurde. Hallo? Ich bin aus Berlin gezogen, habe wieder alles neu gebaut, mich eingebracht und alles ...Wir wollten Kinder und heiraten und ... Ich will nach Hause! Doch statt zu gehen, schließlich würde ich hier nicht bekommen, wonach ich mich sehnte, blieb ich. Innerlich immer kälter ließ ich meine Launen an ihr aus, bis Ende 2010. Ich war verzweifelt, wusste nicht wohin, wusste nicht mehr weiter. Mit meiner Mutter hatte ich seit Januar 2007 nichts mehr zu tun, endlich! Und meine Schwester war gerade in Kroatien im Auslandssemester.

Sie rief mich Ende 2010 an, kurz nach meinem Geburtstag, und lud mich ein, meine Tante, bei der ich damals aufgewachsen war und die ich seit 11 Jahren nicht mehr gesehen hatte, zu besuchen. Ich flog direkt für 3 Tage hin. Doch statt der Liebe und Wärme meiner Erinnerungen erwarteten mich die Vorwürfe meiner Befürchtungen. Warum ich mich so lange nicht mehr hab sehen lassen? Warum ich noch nicht verheiratet sei und keine Kinder habe? Und das alles in einem Tonfall, als stünde ich vor Gericht. Es tut weh, sich zu erinnern. DAS war genau das Gegenteil von dem, was ich brauchte. Doch brachte ich wieder keinen Widerstand heraus, sondern kuschte und hoffte, nach den Tiraden käme ... Familie. Darauf warte ich übrigens bis heute bzw. ich würde darauf warten, wenn ich in dieser Hinsicht noch etwas zu erwarten hätte.

Als ich wieder nach Hause kam, ging es mir schlechter als vorher. Vor dem Besuch hatte ich mir immer die Option offen gehalten, nach Kroatien auszuwandern. Nach dem Besuch wollte ich da ganz bestimmt nicht mehr hin. Doch das konnte ich nicht sagen. Ich konnte doch nicht zugeben, dass ich schon wieder vor dem Nullpunkt stand. Also tat ich, was ich vor drei Jahren hätte tun sollen, aber jetzt eigentlich gar nicht mehr wollte. – Ich zog einen Schlussstrich! In meinem Kopf war nur Verrat präsent. Alles andere war bedeutungslos.

Und so bestrafte ich mich und die Frau, die ich eigentlich noch immer liebte, statt meine Mutter und ihre Schwester. Ich brauchte ein halbes Jahr, um zu begreifen, dass ich die bestraft hatte, die ich nicht bestrafen, sondern lieben wollte. Ich war noch nicht ausgezogen, auch auf Wunsch von ihr. Doch meine Einsicht kam zu spät. Es gab bereits einen anderen.

Egal! Ich habe erkannt, dass ich mir selbst nicht gut getan hatte in den letzten Jahren. Also ordnete ich mein Leben wieder neu. Ich begann für mich zu leben, auch wenn meine Gedanken an die Zukunft eher düster waren: allein, ständig auf Achse in Deutschland, nicht einmal ein Haustier. Egal! Ich stehe noch, und solange ich atme, stehe ich auch wieder auf. Andere Mütter haben auch hübsche Töchter. Kind ist eh gegessen, Papa mit 40 plus – irgendwie schräg der Gedanke.

Ich stehe wieder auf ...

Ich trieb wieder Sport, ging zum Kampfkunsttraining, kümmerte mich um Freunde und um die Schwester und lebte. Trotz allem Stress zu Hause, lebte ich wieder.

Stress zu Hause: Ja, es gab einen anderen, aber der war 700 km weit weg. Die Veränderung in mir war jedoch nicht zu übersehen und es entstanden erste Zweifel. Meine Stieftochter wollte nicht, dass ich gehe. Wir waren uns inzwischen so nahe wie meine Schwester und ich. Dennoch betonte ich immer wieder, dass das nicht ihre, sondern Mamas Entscheidung sei und dass der Neue auch eine Chance verdienen würde, so wie ich sie mal bekommen hatte: und, und, und. Letztendlich hatte ich akzeptiert, dass ich es verrissen hatte, und war dabei zu gehen. Ich wollte es der Kleinen leichter machen, obwohl ich bereits mitbekam, dass Zweifel da waren und selbst die Schwiegereltern angenehm überrascht waren, dass ein

Mensch sich so disziplinieren und ändern kann.

Und ich brauchte nicht viel zu ändern. Ich war in den letzten Jahren unzufrieden mit mir selbst gewesen, ich wollte weder mir noch sonstwem die Unvollkommenheit des Menschseins verzeihen. Mein Streben nach beruflicher Perfektion hatte ich in mein Leben aufgenommen. Und so, wie jede einzelne Blüte eines Kirschbaums perfekt ist, ist jeder Mensch auf seine Art perfekt. Als ich dies erkannte, war es leicht das zu ändern, sich und andere anzunehmen und meiner Wut Einhalt zu gebieten.

Ich ging zum Einzeltraining und lernte eine neue Kampfkunst. Das Training war sehr gut. Mein Trainer sah mir an, in welcher Stimmung ich war und welches Training ich jeweils brauchte. Hier konnte ich ungehindert meine Wut herauslassen, ohne mir oder anderen zu schaden.

Ich hatte bereits seit Wochen mit ein wenig Heimtraining begonnen, täglich von 5:45 bis 6:15 Uhr, und wurde schnell fit. Natürlich gewann ich dadurch ein neues Körpergefühl, kleidete mich neu ein und erzeugte dadurch sicherlich noch mehr Unsicherheit. Doch das alles tat ich, weil ich es wollte und ich mich dabei gut fühlte ... Wie gesagt, ich war bereits auf Wohnungssuche, obwohl es hieß, ich solle noch bleiben. Im Endeffekt wusste ich schon, dass ich es sein würde, auf den die Entscheidung am Ende fällt. Jeder Mensch zeigt unbewusst, was er empfindet, man muss nur hinsehen. Und als sie sich für mich entschied, wusste ich auch, dass etwas faul war ...

Küssen, Hand halten, in den Arm nehmen ist zu viel? Aber du willst mit mir sein, sagtest du zumindest ... Doch plötzlich war wieder alles anders. Aber ich hatte es doch schriftlich, per SMS ...

Kommt mir irgendwie bekannt vor. Pah, dann leck mich doch! Ich zieh mein Ding durch und gut ist, dachte ich. Doch es kam natürlich anders. Die Kleine kam immer weniger mit dem

Hickhack klar. Dabei ging es nur um ihre Mutter ... Entweder so oder so, aber bitte entscheide dich mal. Und wieder hieß es ich sei der „Glückliche". Und wieder war es am nächsten Morgen anders. Da man nicht von heute auf morgen eine Wohnung findet und die Kleine immer depressiver wurde, wollte ich bewusst noch ein paar Wochen bleiben. Nicht weil ich mir ausmalte, nochmal der „Gewinner" zu werden. Nein, den Gedanken hatte ich nicht nur als lächerlich abgetan, es kam auch noch folgender hinzu: „Sie hat mich grundlos belogen und nun spielt sie mit meinen Gefühlen! – Ja, ich war ein Arschloch, aber wir sind mehr als quitt, und ficken lassen muss ICH mich nicht!"

Ich blieb nicht um meinetwillen, ich tat es für die Kleine. Wir hatten inzwischen wieder das Verhältnis, welches bereits zu Beginn da war und durch mein Verhalten getrübt worden war. Sie brauchte mich, als Halt, als Anker. Sie konnte nicht verstehen, warum Mama uns alle so sinnlos quälte. Und meine „Schwiegereltern" würden nie Partei gegen ihr Kind ergreifen ... Da hält man sich raus, auch auf Kosten der Enkelin!

Aus dem Unverständnis wurde Wut. Ich konnte es verstehen, ich war auch wütend, fühlte mich aber verarscht, verraten und verkauft. Doch ich ließ meiner Wut im Training freien Lauf, die Kleine konnte das nicht ... Und obwohl ich alles versuchte, um die Wut abzufangen oder auf mich zu lenken, es gelang nicht wirklich. Also kam, was kommen musste: Sie ging zu ihrer Mutter, meiner Ex, und kotzte sich aus. Sie schrie ihre Mutter an. Und obwohl ich im Nachbarbüro ohne Verbindungstür drei Meter von der Zwischenwand entfernt saß, konnte ich hören, wie befreiend es für die Kleine war, sich den Schmerz von der Seele zu brüllen. Als ich jedoch hörte, wie sie von ihrer Mutter plötzlich fertiggemacht wurde, obwohl sie weder beleidigend noch frech war, konnte ich nicht anders als rüber zu gehen und einzugreifen.

Meine Ex saß wie ein bockiges kleines Kind hinter ihrem Schreibtisch, und statt ihr Kind in den Arm zu nehmen und sich zu entschuldigen, dass sie ihr so weh getan hatte, brüllte sie rum. – Das kannte ich irgendwoher! DAS hatte ich als Kind sooo oft selbst erlebt!

Und obwohl ich nur noch reißen und fetzen wollte, konnte ich mich beherrschen und brüllte sie lediglich an: „Du benimmst dich wie ein bockiges kleines Kind! Guck dich doch mal an! Und ich, dein Ex – der Arsch, der hier nie angenommen wurde ... Ich tröste dein Kind! Merkst du überhaupt noch was?" Wäre es mein Kind gewesen, hätte ich sie an dem Abend noch in ein Hotel mitgenommen und für uns beide eine Wohnung gesucht. Wie konnte die Frau, die ich liebe, solch ein Monster sein? Ausnahmesituation hin oder her, das verstand ich nicht ..., bis heute nicht. Und dennoch blieb ich. Ja, es wurde sich wieder einmal für mich entschieden und ich sagte: „Nein! Ich beende diesen Scheiß hier und sage ganz klar, Nein! Du glaubst wohl ich bin blöd, oder? Einmal verarscht, Schande über dich! Zweimal verarscht, Schande über mich! Aber ein drittes Mal, nein! Außerdem macht die Kleine da auch nicht mehr mit. Willst du, dass sie freiwillig zu ihrem Vater oder in ein Heim geht? Wir lassen es so, wie es ist. Ich hoffe, in weniger als zwei Wochen eine Wohnung zu haben und gut ist es!" Am nächsten Morgen stand sie plötzlich vor mir, noch bevor mein Wecker geklingelt hatte. Es folgte ein langes Gespräch. Eigentlich wollte ich ja nicht weg, eigentlich liebte ich sie ja noch, vor allem aber würde die Kleine glücklich sein ... und ich blieb. Ja, ich blieb, obwohl ich wusste, dass ich es nur noch „eigentlich" wollte.

In der Zwischenzeit hatte ich einen neuen Auftraggeber und Freund gefunden: Herrn S. Ich hatte auch andere Freunde, doch die waren in Hamburg, Herr S. in Berlin, also um die Ecke sozusagen. In dieser Zeit bot er mir einen Kurs in Graz an, und da ich im Anschluss Urlaub in Kroatien machen wollte, kam mir das sehr gelegen.

Wir hatten besprochen, dass er mir mein Honorar bei Kursende direkt überweisen würde, vorausgesetzt mit dem Kunden sei alles in Ordnung. Nicht nur, dass mir meine Teilnehmerin in den Pausen die Stadt zeigte, wir waren einen halben Tag früher fertig, inklusive Tipps und Tricks zum anstehenden Projekt. Das Training war ein voller Erfolg.

Als ich wieder mit meiner Frau zusammen kam, hatte ich die Idee, nach dem Kurs einen Kurzurlaub mit ihr in Österreich zu verbringen, was wir dann auch taten. Wien ließen wir direkt ausfallen und blieben drei Tage in Graz. Wir fanden wieder zueinander bzw. ich zu ihr, und es war schön. Und das Geld kam wie besprochen, auch geklappt. Prima ... I feel good! Herr S. war zufrieden und privat verstanden wir uns auch immer besser. Er bot mir eine Festanstellung an. Und mein erster Gedanke war: „Nein!" Doch leider hörte ich nicht darauf und sagte nach langem Grübeln und Besprechen zu. Als es dann hieß, die zwei schon besprochenen lukrativen Aufträge bereits als Angestellter durchzuführen, sagte ich ebenfalls zu, obwohl mir das eigentlich nicht recht war, ich hatte andere Pläne. Doch man soll ja nicht so an Plänen festhalten und sich anpassen ... grummel!

Meine Welt in Flammen ...

Ich fing also im September 2011 als
Angestellter an. Anfangs änderte sich
für mich wenig, außer keine Rechnungen mehr schreiben zu müssen, ich war
immer wieder im Kurs.
 Einige wenige Tage Büroarbeit zwischendurch waren okay, bis Herr S.
November/Dezember zusammenbrach. Er
wollte kündigen und in seine Heimat-
stadt zurückgehen. Wir führten ein
langes Gespräch und ich half ihm
durch diese schwere Zeit. Doch nicht
nur als Freund, sondern auch seine
Arbeit machte ich gleich mit. Wir waren ja nur zu dritt. Und die Kolle-
gin, die nur halbtags kam, verhielt
sich sehr unkollegial, dachte ich damals. – Sie dachte vermutlich ich
würde sie aushorchen wollen, um sie
bei Herrn S. anzuscheißen, wenn ich
mich mit ihr über die Arbeit unter-
hielt. Im Oktober zog die Firma um
... in meinem Auto. Ja, ich Depp habe
den kompletten Umzug in meinem Kombi
gefahren und dafür gab es: 20 €

Tankgeld, schließlich geschah das ja während meiner Arbeitszeit. Erster Frust, denn ein Tag Unterricht ist sowohl für mich als auch für mein KFZ weniger anstrengend und billiger in Bezug auf den Verschleiß. Und die KFZ-Reinigung durfte ich hinterher auch alleine machen. Ach wird schon, sieh das mal alles nicht so eng! Als dann im Januar die Anforderungen meines Vorgesetzten immer höher wurden und neue Projekte ausschließlich auf meinem Tisch landeten, stieg natürlich auch der Frustpegel.

Doch als ich das ansprach, kam erst Unverständnis, dann Wut. Und als ich angedroht habe das Gespräch zu beenden und nach Haus zu gehen, kam die Einsicht. – Von wegen Einsicht: Zwei Tage später hieß es, dass unsere Chefs aus Frankreich sich über mein Gehalt (ich hatte damals das höchste Gehalt) geäußert hätten. Doch damals wusste ich nicht, dass das nicht stimmt. Damals fühlte ich nur Druck. Damit machte man mir klar, wie abhängig ich sei ... und ich fiel natür-

lich darauf herein. Ich war auch noch
so blöd und sagte Herrn S. wie ich
mich fühle, ich ging ja davon aus,
dass wir befreundet sind. Er relati-
vierte die Aussage sofort und versuchte zu entschärfen. – Hätte mir
auffallen können, dass da was nicht
stimmt. Doch ich war bereits wieder
im „Duck-dich-Modus".

Mein Blutdruck begann meine Anspan-
nung wiederzugeben und stieg, also
bekam ich Blutdrucksenker. Samstags
lag ich in der Regel mit schlimmen
Kopfschmerzen bis zum Mittag flach.
Das begann alles so ab Mitte Oktober,
doch den Zusammenhang zwischen Firma
und körperlichem Unwohlsein stellte
ich nicht her. Ich wusste nur, dass
ich eigentlich nicht mehr dort arbeiten wollte, aber da ich ja noch in
der Probezeit war und meinen Freund
nicht enttäuschen wollte und meine
Familie ... Man war ich blöd! Also
gab ich noch mehr Gas. Ich richtete
das Firmennetzwerk ein – natürlich
kostenlos –, bot Lösung zur Optimie-
rung der Website an, machte

Keywordanalysen für mehr als 50 Kurse, kam als Erster und ging als Letzter. Und immer war es nicht genug, immer hieß es: „Halte noch 6 Wochen durch!"

Im Februar bekam ich dann einen Ordnungsgong von meinem Körper: Migräneanfall! Der war so heftig, dass ich für zwei Tage komplett handlungsunfähig war. Selbst ein Arztbesuch war nur mit Hilfe möglich. Da ich noch andere neurologische Auffälligkeiten zeigte, wurde ich mit Verdacht auf Hirntumor direkt ins Krankenhaus eingewiesen.

Klar hatte ich Angst, doch nicht etwa um mein Leben. Es war Februar und genau einen Tag vor meinem Migräneanfall kam angeblich mal wieder eine Anfrage zu meinem Gehalt, also sah ich mich schon auf der Abschussliste ... kurz vor Ende der Probezeit, kein Anspruch auf Arbeitslosengeld: FUCK!

Während meines Aufenthalts im Krankenhaus entschärfte und beschwichtigte Herrn S. die ganze Sache wieder, doch die Angst war längst gepflanzt und gedieh recht prächtig. Als ich wiederkam, war es Donnerstag und ich beschäftigte mich wieder mit den Aufgaben von vor meinem Krankenhausbesuch. Es war also alles komplett liegen geblieben, was vorher so dringlich gewesen war ... und noch immer kapierte ich es nicht.

Am Freitag erfuhr ich dann, dass ich ab Montag für drei Wochen einen CCNP-Kurs geben darf. Bevor ich ins Krankenhaus ging, hatten wir besprochen, dass ich den Kurs erstmalig gebe. Es war allerdings auch besprochen, dass ich Zeit zur Vorbereitung erhalte. Wir hatten dafür eine bis zwei Wochen eingeplant. Da ich jetzt aber zweieinhalb Wochen krank war, kam ein anderer Trainer ins Gespräch, was ich jedoch nicht weiter verfolgte, da ich ja im Krankenhaus bzw. krank zu Hause war. Da man mich nicht gleich am ersten Tag schocken wollte, erfuhr ich am Freitag, also genau einen Werktag vor Kursbeginn, dass ich den Kurs nun doch geben soll. „Aber er wird wie besprochen als Workshop angeboten und der Kunde erhält eine Woche kostenlose Prüfungsvorbereitung." – Als ob das den Druck nehmen würde. Lächerlich!

Cisco Certified Network Professional – ich war selbst erst Associate (eine Ebene darunter). Und obwohl ich einiges vom CCNP wusste, war das vergleichbar mit einem Sprung ins kalte Wasser und auf dem Rücken zusammengebundenen Händen, Bleigewichten an den Füßen und einer blutenden Wunde im Piranhabecken. Mit Vorbereitungszeit hatte ich schon Respekt vor dem Kurs, doch mit weniger als 72 Stunden ...

Anstatt nun nein zu sagen und die Kündigung hinzunehmen (die eh nicht gekommen wäre), habe ich in drei Nächten vier Stunden geschlafen und das ganze Wochenende Kursvorbereitung gemacht und Dokumentationen geschrieben. – Mein Teilnehmer war glücklicherweise entspannt. Wir kannten uns bereits aus einem Kurs, und so wurde der CCNP tatsächlich noch richtig gut. Ich schlief in der Zeit sehr wenig und kam in den drei Wochen auf mehr als 200 Arbeitsstunden. Trotz Vertrag bekam ich die Überstunden weder vergütet noch als Freizeitausgleich. Oh, versprochen wurde mir immer: „Kommst bis Mittag und kannst dann wieder nach Hause!" Und immer wenn ich dann gehen wollte, hieß es: „Ja, du kannst gehen, aber vorher machst du bitte noch dieses, jenes und überhaupt fertig." Naja, um 15:30 Uhr brauchte ich nicht mehr losfahren, da war größter Berufsverkehr, dann konnte ich auch bis 17:00 Uhr bleiben.

Klar, wir sprachen mehrfach darüber, dass Absprachen wie: „Bleibst bis Mittag!" bindend sein sollen. Am Ende aber war es meine Schuld, dass die Überstunden nicht in Freizeit abgegolten worden sind! „Hattest doch Homeoffice!", hieß es, obwohl ich während dieser Zeit meist mehr als 8 Stunden arbeitete und dies auch telefonisch mitteilte. Und immer wenn ich solche Themen angesprochen hatte, kam hinterher immer irgendein Druck aus

Frankreich, wodurch meine Kritik nachließ.

Meinen Sport konnte ich nicht mehr machen, da ich täglich nie vor 19 Uhr zu Hause war und mein Training um 17 Uhr war. Und obwohl ich mehrfach angeboten hatte in den Kursfreien Wochen früher zu kommen, um es zu meinem Training zu schaffen, kam immer etwas dazwischen. Andere Termine waren nicht möglich, und so fiel der Sport weg. Mit dem Wegfall des Sports ging es mir immer schlechter. Meine Nackenmuskulatur war ständig verspannt, wodurch ich regelmäßige Migräneanfälle bekam. Doch fehlte ich deswegen nicht mehr. Ich ging sogar mit Fieber und Schmerzen zur Arbeit, bis ich einmal beinahe einen Teilnehmer angekotzt hätte. Doch ich blieb nur so lange zu Haus, bis es besser ging, statt mich auszukurieren. Ich lernte neben dem CCNP noch zwei weitere Kurse und auch einen IT-Management-Kurs zu geben und schrieb dazu auch Dokus. Ich hatte Angst, die Stelle zu verlieren ... obwohl mir schon bewusst geworden war, dass das Geld nicht reichte und dass mein Bonus nicht kommen würde, trotz Vertrag und Absprache. Doch obwohl ich sämtliche Themen immer wieder ansprach, wurde es nicht besser. Ich wusste ja, wer nicht redet, verliert! Also suchte ich das Gespräch immer wieder, bis eines Tages folgender Satz kam: „Jetzt erzähl mir nicht, dass du dich hier totmachst. Und Burnout, so einen Schwachsinn gibt`s nicht!"

Er, der wusste, dass ich im Vorjahr zusammengeklappt und 8 Wochen komplett handlungsunfähig gewesen war, mein Freund, haut mir so eine Bombe um die Ohren? – AUA! Also gut, dann auf die Sachliche, mit Fakten, Zahlen und Co: Ich habe mich hingesetzt und eine Tabelle mit meiner Arbeitszeit und dem Gehalt aufgestellt. Eine weitere Tabelle zeigte die erforderliche Arbeitsleistung als freier Trainer für das Geld, und dort war die Differenz 135 Arbeitstage weniger für rund 1000 € mehr Geld. Hallo 6 Monate FREI für das GLEICHE Geld! Von wegen, mein

Gehalt ist zu hoch. Als freier Trainer hatte ich nie so viel Leerlauf, dass ich meine Rechnungen nicht zahlen konnte. Sechs Monate frei gegen einen Arsch voll Arbeit und weniger Geld ... für ein bisschen Sicherheit?

Ich wurde total ernst genommen. Betretenes Gesicht, es täte ihm leid und blablabla. Aber es wäre ja noch möglich einen Bonus zu erreichen und ich müsse mich nur gedulden und blablabla.

Zum Bonus: Für jeden Trainertag nach dem 50. sollte ich 100 € extra am Tag bekommen. Einschränkung: Einzeltraining in Berlin zählt nicht! Ich hatte bereits mehr als 60 Trainertage, von denen jedoch ganze 13 gewertet wurden. Der Rest waren Einzeltrainingstage in Berlin. So wie die Kursplanung bisher aussah, kamen zwar noch rund 50 Trainingstage dazu, von denen waren jedoch 35 wieder als Einzeltraining in Berlin angesetzt, und bisher sprangen Teilnehmer vor Kursbeginn eher ab, als dass neue hinzugekommen waren. Am Jahresende hätte ich dann weit mehr als 100 Trainertage auf meinem Konto, von denen jedoch nur 30 für das Bonussystem gewertet würden. Damit war ich alles andere als einverstanden! Dies tat ich also gleich kund, worauf wir uns als Team zusammensetzten und unterhielten. Es wurde alles auf den Tisch gepackt und mal aufgeräumt, dachte ich jedenfalls. Mein Kollege (neu) vermutlich auch. Es wurde von Herrn S. beschlossen, kein Einzeltraining mehr durchzuführen, da dies weder kostendeckend war noch den gewünschten „Wiederholungstäterfaktor" hatte. Das hielten wir sogar schriftlich fest. – Keine drei Wochen später sollte ich für ein Einzeltraining nach Österreich fahren. Ich hätte meine Reisekosten erstattet bekommen, welche bereits den Kurspreis überstiegen, was allerdings nicht mein Problem war. Interessanter waren dagegen die Tatsachen, dass dieser Kurs der Firma nur Miese einbringen würde, schon wieder eine Absprache ignoriert wurde und mein Gehalt angeblich schon wieder auf der Themenliste stand.

Also fuhr ich nicht los! Ich verhielt mich korrekt, meldete mich bei Herrn S. und hörte auf Herrn S., der mir zu einer Auszeit riet. Dann hieß es, ich sei nicht mehr ich selbst und solle zum Psychologen gehen und eine Therapie machen. Und ich Trottel glaubte das auch noch. – Doch es sollte noch viel krasser kommen:

Als ich bei meiner Hausärztin war, brach ich weinend zusammen. Ich wollte nicht mehr dahin, wollte nirgendwo mehr hin, ich konnte nicht mehr. Ich erzählte ihr die ganze Geschichte und sie überwies mich an eine Psychiaterin und schrieb mich krank. Ich meldete mich krank und die erste Frage war: „Wie lange?" Da ich es nicht sagen konnte, sagte ich genau das: Ich wollte mir die Zeit nehmen und die Hilfe holen, die ich brauchte.

Zusammenbruch

In der zweiten Woche meiner Krankschreibung geschahen einige merkwürdige Dinge in der Firma. Wir hatten gemeinsam noch so einiges ausgearbeitet, das von Herrn S. in Frankreich präsentiert werden sollte. Unser Konzept beinhaltete Umstrukturierungen des Vertriebs und der Organisation und auch eine Gehaltsanpassung.

Natürlich wollte ich wissen, wie unser Konzept angekommen war. In der zweiten Woche gab es laut Aussage von Herrn S. drei Gespräche mit Frankreich, in denen wurde angeblich wieder auf unseren Zahlen herumgeritten und unsere Arbeit schlecht gemacht. Zum Konzept hätte es keine Aussage gegeben. Dennoch dürfe ich mich freuen. Und wenn ich wieder auf dem Damm sei, könne ich 12 Wochen am Stück in Hamburg und Österreich Kurse geben. – Freuen? Wie freuen?

Ein Grund meine Selbstständigkeit aufzugeben war: Nicht mehr monatelang von zu Hause weg zu sein. Außerdem hieß es, ich sei überarbeitet und nicht mehr ich selbst. Wieso soll dann viel Arbeit hilfreich sein? Doch bevor ich diese Gedanken aussprechen konnte, war das Telefonat beendet.

In der kommenden Woche kam dann endlich das erwartete Gespräch mit Frankreich. Und dort hieß es dann, dass beinahe alle unsere Punkte angenommen worden sind.

Da das Gehalt ein Kernpunkt war, fragte ich explizit nach und erhielt eine positive Antwort. Cool! Nach einem Jahr herumgeeier ging es mit 500 € mehr im Monat endlich vorwärts. Vom Vertriebskollegen erfuhr ich, dass die Gehaltsanpassung nicht wie besprochen und berichtet ausgefallen war und dass weniger als die Hälfte unserer Vorschläge angenommen worden waren.

WAS PASSIERTE HIER GERADE?

Da mein Vorgesetzter und Freund Herr S. persönlich nicht greifbar war, schrieb ich ihm eine Mail. Ich hatte den Verdacht, dass er aus Frankreich entsprechend gebrieft worden sei. Ich glaubte noch immer an unsere Freundschaft und fragte nach. Natürlich schrieb ich auch die drei Monate Auswärtseinsatz und andere Vorfälle in die Mail, ich wollte reinen Tisch machen.

Am nächsten Tag kam Herr S. vorbei. Unser Gespräch lief völlig anders als erwartet. Ich wurde regelrecht fertiggemacht. Und als ich sagte, dass ich auf dieser Ebene nicht mit ihm reden werde, hieß es, er mache das nur, weil ich zum Gesprächsbeginn einen Monolog gehalten hätte. Traurig habe ich den Rest des Gespräches kaum noch mitbekommen. – Wenn Rache Platz in einer Freundschaft hat, ist es keine Freundschaft mehr!

Dies wiederholte sich noch drei Mal, und beim letzten Mal war meine Frau dabei. Niemand glaubte mir, dass Herr S. so auf mir herumgehackt hat, keiner sah seine „böse" Seite, alle hielten mich für verrückt. Doch beim vierten und letzten Sonntagsbesuch war sie dabei und bekam es mit, wie er grundlos und ohne Provokation auf mir herumhackte. Und als sie ihn fragte, was das jetzt gewesen sei, antwortete er: „Naja, wenn Christian mich provoziert." – Ich hatte nicht mal etwas gesagt.

Als ich endlich meinen Termin bei der Psychiaterin hatte, waren exakt 6 Wochen um und ich noch immer krankgeschrieben. Während des Gesprächs erkannte ich plötzlich, was schiefgelaufen war: dass ich ein Jahr lang die Arbeit von Herrn S. gemacht hatte, nicht abhängig war und dass viel Stress auf seinem Mist gewachsen war, nur um zu zeigen, wer das Sagen hat.

Als ich in der Firma anrief und um ein Treffen bat, kam er mir zuvor. Abends teilte er mir dann mit, dass Frankreich beschlossen hätte mir zu kündigen. Dennoch konfrontierte ich ihn mit meinen Erkenntnissen, im Beisein meiner Frau. Er brach in unserer Küche in Tränen aus und bestätigte ALLES! Es täte ihm leid und er würde es wieder gut machen und blablabla. –

Wo ist denn jetzt die Sicherheit eines Angestellten? ARSCHFICKENDER FLACHWICHSER!!

Und anstatt ihm den Kopf abzureißen oder ihn wenigstens ordentlich zusammenzubrüllen, reagierte ich auf sein Geständnis, mich wissentlich verheizt zu haben, als Freund. Verständnis statt Wut, Zuneigung statt Ablehnung ... FEHLER!!

Seine „Wiedergutmachung" sah so aus, dass er sich bis zu meinem Geburtstag (6 Wochen später) nicht mehr traute mit mir zu sprechen, obwohl er zwischendurch bei uns anrief, um der Kleinen zum Geburtstag zu gratulieren. Er fragte nicht einmal, wie es mir geht, und als ich ihn darauf ansprach, hieß es, meine Frau würde lügen. – Das Formular für die Krankenkasse, welches der Arbeitgeber auszufüllen hat, damit ich auch mein Krankengeld erhalte, wurde erst 4 Wochen nach meiner Kündigung eingereicht und weder mein ehemaliger Arbeitskollege noch meine Dozentenfreunde wollten plötzlich etwas mit mir zu tun haben.

Ich hatte mehrere Einladungen ausgesprochen und wurde vertröstet.

Dann erfuhr ich, dass ein „guter" Freund aus Hamburg in Berlin war und alle ein Bier trinken waren. Alle, außer mir. Sonst hat er immer bei mir übernachten können, wenn er in Berlin einen Auftrag hatte. Ich hatte ihn zum Dozenten ausgebildet, war für ihn da gewesen und nun das? – Kein Anruf und keine SMS, keine Info, dass er in Berlin ist und auch keine Antwort auf meine SMS ... toller Freund! Dazu fallen mir keine passenden Worte ein. Erst recht nicht, nachdem ich erfuhr, dass er über mich herzieht.

Als ich am 12.11. zu meinem Geburtstag noch immer kein Krankengeld hatte, sich bis auf Herrn S. alle wenigstens per SMS gemeldet hatten, beschloss ich diese „Freundschaft" zu beenden. Von seiner Freundin (die beste Freundin meiner Frau) wusste ich ja, dass er Angst vor mir hatte. Hätte ich ihm damals doch bloß alle Knochen gebrochen ... Diese Angst-Story führte er soweit fort, dass ein

Kollege mich anrief (einen Tag, bevor ich die Schlüssel zur Firma geben wollte), um mich zu beruhigen. Ich fiel aus allen Wolken, als er mir sagte, dass Herr S. sich regelrecht in die Hose scheißt vor meinem morgigen Besuch. Ich bot an, die Übergabe mit dem Kollegen zu machen, und sagte auch ganz klar, dass der kleine Feigling nix zu befürchten hätte. An solch niederem Abschaum mache ich mir doch nicht die Finger schmutzig. Als ich dann kam, hatte Herr S. wohl einen Anfall von Mut. Er machte mir persönlich die Tür auf und wollte mir sogar die Hand geben. Mit angewidertem Blick ging ich wortlos an ihm vorbei, begrüßte meinen Kollegen wie immer herzlich, übergab ihm die Schlüssel, nahm meine Sachen und ging. Natürlich verabschiedete ich mich herzlich vom Kollegen und ignorierte Herrn S.

„Wenn er doch so viel Angst vor mir haben muss, ist es wohl besser ich komme ihm nicht zu nahe. Nicht dass es heißt, ich hätte ihn geschlagen oder so!"

Erleichtert ging ich zu meinem ersten Termin bei meinem Therapeuten. Ich war durch mit dem Arschloch und wollte mich jetzt voll auf mich konzentrieren. Aber es kam wieder alles anders: Nachdem ich mündlich von meiner Kündigung erfahren hatte, fragte ich direkt, was ich alles abzugeben hätte, außer den Schlüssel. Diese Frage stellte ich bis zur Schlüsselübergabe insgesamt fünf Mal. Ohne Antwort! – Also nur die Schlüssel und gut ist`s! – Mehr als fragen kann ich nicht, und da Absprachen bisher nicht bindend waren, frage ich lieber explizit nach. Nicht dass es heißt, ich würde mich rächen oder bereichern.

Die Schlüsselübergabe war Anfang Dezember, am 8. Januar erhielt ich dann einen Brief, in dem ich aufgefordert wurde meine Dokumentationen zum CCNP- und Firewallkurs innerhalb von 2 Tagen an Herrn S. auszuhändigen, ansonsten würde dies direkt an den Anwalt gehen und teuer für mich werden.

Häh? Was ist denn jetzt schon wieder los? Kann man da nicht Anrufen oder eine Mail schreiben? Und warum wird gleich mit `nem Anwalt gedroht? – JETZT IST SCHLUSS!! FICK DICH, HURENSOHN! IDI U PICKU MATERINU!

Nein! Du Wichser hast mir alles genommen, wofür ich jahrelang hart geackert habe, und hast mich verarscht, belogen und betrogen, und es reicht noch immer nicht? Ich habe dich FÜNFMAL gefragt und du hast beim letzten Mal sogar die Mail ungelesen gelöscht und andere vorgeschickt, also FICK DICH!! – Ich nutzte andere, sachlichere Worte, doch zusammengefasst war das meine Antwort. Mit dem Hinweis auf Datenlöschung und Privatinsolvenz kam mein Stinkefinger! So nicht!

Er rief tatsächlich nochmal an, um Druck zu machen, doch meine Frau fing das Telefonat ab und teilte ihm ihre Meinung über ihn als Mensch und Freund mit. Das Gespräch war beendet und von einem Anwalt habe ich nie etwas gehört. Doch leider war auch das nicht das Ende. – Herr S. musste ja unbedingt weitermachen ...

Mein erster CCNP-Teilnehmer meldete sich bei mir. Damals war ihm eine Woche Prüfungsvorbereitung kostenlos versprochen worden, da ich ja den Kurs vorher noch nie gegeben hatte und keine Vorbereitungszeit. Das war meine Idee mit dem Workshop, noch in der Planungsphase! Doch das Versprechen kam von Herrn S. Ich war nur Trainer und habe nie irgendwelche Zugeständnisse den Kunden gegenüber gemacht, da das meinen Kompetenzbereich überstieg ... immer nur Vorschläge an Herrn S.! Ich wusste, dass Herr S. als Führungskraft eine Niete ist, und hatte ihn während der gesamten Zeit unterstützt, doch als Freund war ich nie auf die Idee gekommen, seinen Platz einnehmen zu wollen ... Obwohl jeder aus meinem Umfeld meinte, ich würde das gut können (weiß ich) und es wäre für das Unternehmen besser (weiß ich auch, aber ich bin kein Kameradenschwein). Also bot ich Wissen und Unterstützung an, doch Entscheidungen oder Tendenzen ... dafür wurde ER bezahlt! Mit einer entspannten Prüfungsvorbereitung wieder in den Job kommen und dann weiter als freier Trainer, das klang gut!

Mein Teilnehmer wollte die Woche, wie damals besprochen, nun in Anspruch nehmen und sie mit mir machen. Also schrieb meine Frau Herrn S. ein Angebot dazu, schließlich sollte in ihren Räumen der Kurs stattfinden. Eine Neuanmeldung meines Gewerbes hatten wir bereits vorbereitet. Doch als Antwort kam eine Mail von Herrn S., in der es hieß, ICH hätte dem Teilnehmer das Zugeständnis gemacht und die Firma würde lediglich eine (lächerliche) Raummiete zahlen, schließlich sei das ja alles meine Verantwortung und so weiter ...

Da der Teilnehmer über das bisher Vorgefallene informiert war und auch persönlich nachgefragt hatte, wann es denn nun losginge, erzählte ich ihm von der Mail und ihrem Inhalt. Ich bot sogar an, die Mail weiterzuleiten, da ich den Eindruck hatte mein

Teilnehmer würde mir nicht glauben und das sei nicht so wichtig. Seitdem habe ich nichts mehr von ihm gehört und auch auf SMS keine Antwort mehr erhalten, obwohl ER vorher noch gesagt hatte: „Wenn was ist, melde dich, bist `n feiner Kerl und ich würd` gerne Kontakt halten!"

WAS HABE ICH DENN NUN FALSCH GEMACHT?

Ich gebe doch keine Woche Unterricht für Nichts. Sind denn jetzt alle bescheuert? Ich bin ein guter Trainer, einer der besten! Doch wenn mich alle nur verarschen wollen, dann scheiß ich aufs Trainerdasein! Ich kann noch so viel mehr!

Tatsächlich konnte ich mich noch von meiner Psychiaterin im Februar ficken lassen. Schon wieder ein Mensch, dem ich vertraute, der seinen Frust an mir ausließ und mich als seinen persönlichen Fußabtreter missbrauchte. Tatsächlich habe ich durch die Therapie erkennen können, was passiert ist und dass nicht alles nur meine Schuld ist. Tatsächlich habe ich lediglich so reagiert, wie ich es gelernt habe, wie es mir bereits als Kind eingebläut wurde. Tatsächlich habe ich gar nicht verkackt, sondern bin das Opfer einer kranken Persönlichkeit. Und da wir uns immer wieder mit Menschen umgeben, die denen unserer Kindheit ähneln, wurde ich ein weiteres Mal Opfer des perfiden Plans einer kranken Person. – Energievampire, so werden solche Menschen genannt. Bereits als Kind nannte ich sie Seelensauger (Soulsucker). Aber auch das übersteht man, wenn man seine Familie im Rücken hat, dachte ich damals.

Als ich schon am Boden lag ...

Heute lebe ich seit rund 9 Jahren mit meiner Frau, ihrer Tochter und ihren Eltern auf einem Grundstück mit zwei Häusern. Bis vor wenigen Wochen dachte ich, ich hätte meine Familie. Bis vor wenigen Wochen habe ich mir trotz meiner Krankheit den Arsch für alle hier aufgerissen. Bis ich dann vor einigen Wochen plötzlich schuld war! Ohne den Grund dafür zu kennen, wurde meine Frau von Ihrem Vater plötzlich angegriffen, jedoch zielten sämtliche Angriffe gegen mich.

Was war passiert? Schwiegermutter hatte bei der Erziehung des neuen Hundes unachtsam agiert und der Hund war zwischen den Gitterstäben des Zwingers eingeklemmt. Durch das Jaulen des Welpen alarmiert, kamen Schwiegervater und ich angelaufen und befreiten das Tier. Er „blubberte" seine Frau an, dass sie mit dem Tier doch nur pinkeln gehen wollte und warum sie das Tier in den Zwinger gesperrt hatte. „Über das Ziel hinaus", war, wie schon so oft in den letzten Tagen, mein Gedanke. Schwiegermutter hatte in den letzten Tagen immer wieder helfend eingegriffen und war dabei jedes Mal über das Ziel hinausgeschossen, so dass mir oder anderen unnötige Mehrarbeit entstand. – Ein Beispiel: Ich hatte mir einen Kratzer in die Autotür gefahren. Schwiegermutter wollte helfen und bearbeitete den Kratzer großflächig mit Schleifpaste. Dabei hatte ich sie gebeten zu warten, bis ihr Mann nach Hause kommt, als sie mit der Paste um die Ecke kam. Klar war ich angepisst, als ich das sah. Und nein, ich habe sie nicht „angeblubbert", sondern zähneknirschend mit Politur den stumpfen Lack wieder auf Hochglanz poliert. Und das war nicht der einzige Vorfall dieser Art. Schon wieder übertrieben, schon wieder aus einem „Gut" ein „Schlecht" gemacht.

Und als Schwiegermutter dann von ihrem Mann (mit Recht) zurechtgewiesen wurde, kam von ihr: „Nicht so laut, die Nachbarn!"

„Was haben denn jetzt die Nachbarn damit zu tun? Kann ruhig jeder hören!", platzte es aus mir heraus. Ich konnte nicht glauben, was da gerade passierte. Ein Tier erleidet Schaden und das einzig Wichtige ist, was die Nachbarn denken. Geht`s noch? Bevor ich den Satz jedoch beenden konnte, mischte Schwiegervater sich ein und wir gingen auseinander. Es gab weder Beleidigungen noch böse Worte, nur ein Scheißgefühl ...

Ungefähr eine Stunde später gerieten meine Stieftochter und meine Schwiegermutter aneinander. Die Kleine „wagte" es, das Verhalten des Welpen zu kritisieren und wurde daraufhin barsch als Klugscheißer angeschnauzt. Dabei hatte sie ihre Hilfe angeboten, hatte hingewiesen, dass der Hund nicht ausgelastet sei und angeboten jeden Abend die große Runde zu joggen. Doch das kam nicht an. Stattdessen kam Unfreundlichkeit zurück. Damit kam die Kleine natürlich nicht klar und kam damit zu mir. Als ich das hörte, kam wieder Wut in mir hoch. „Ey musst du dich jetzt mit jedem streiten, nur um nicht zugeben zu müssen, dass du mit dem Hund überfordert bist?", wollte ich Schwiegermutter ins Gesicht schreien. In dieser Verfassung kann ich mit niemandem reden, nicht ohne Schaden anzurichten. – FUCK! Also gingen wir zu meiner Lebensgefährtin und die Kleine schilderte die Situation. Der Vorfall mit dem Zwinger war ja nicht unbemerkt geblieben. Und so ging sie rüber, um die Situation zu bereinigen. Und so kam es, dass der Vater seine Tochter anging und dabei auf mich einschlug, weil seine Frau Mist gemacht hatte und die Stieftochter und ich helfen wollten bzw. geholfen hatten. Da wir jedoch auch Kritik geübt hatten, waren wir die Schuldigen. – Kommt mir irgendwie bekannt vor. Habe ich irgendwie schon einmal erlebt. Was passiert hier gerade?

Das war aber nicht das Ende der Geschichte. Ich nahm das im ersten Moment nicht wirklich ernst. „In der Hitze der Wut reagiert man nicht immer optimal", war mein Gedanke. Doch meine „Bestrafung" hatte erst begonnen.

Von heute auf morgen wurde ich plötzlich ignoriert. Keine Begrüßung wurde erwidert, kein gemeinsames Kaffeetrinken mehr, keine Gespräche ... alles weg. Ausgestoßen und abgelehnt brach für mich meine Welt zusammen. Keine Sicherheit mehr, in die Arme einer liebenden Familie geschlossen zu werden, kein Vertrauen mehr darauf, dass man auch mal für mich da ist. Nein, stattdessen musste ich mir von einem Kerl anhören, der sich seit 10 Jahren den Hintern von seiner Tochter pampern lässt, ich solle mal endlich aus dem Tee kommen und mich kümmern. – Ist echt schwer, wenn ich auch noch deinen Job erledigen muss und von dir als Fußabtreter missbraucht werde!

Meine Frau und ihre Tochter waren das ganze letzte Jahr für mich da, auch wenn ich es nicht wollte. In den ersten Wochen war ich zu nichts zu gebrauchen. Als die mir verschriebenen Psychopharmaka endlich wirkten, wurde es nur noch schlimmer statt besser. Es gab nur bodenlose Wut oder schlimme Depressionsanfälle und Weinkrämpfe. Als ich die Psychopharmaka absetzte, begann sich das zu legen ... Ich weiß, dass es viel Kraft gekostet haben muss und ich bin dankbar dafür. DAS ist Familie!

Was wir drei leider erst spät bemerkt haben, sind die zwei Energieabsauger auf dem Hof. Schwiegereltern sind beide in psychologischer Behandlung und seit mehr als einem Jahrzehnt auf Psychopharmaka. Seit der Wende ist das so. Durch den Verlust des eigenen Unternehmens vor mehr als 10 Jahren ist es richtig schlimm. Und die Pflege des demenzkranken Großvaters hat sicherlich einiges dazu beigetragen.

Als er vor einigen Jahren verstarb, war das die große Chance für die Schwiegereltern. Endlich wieder frei von Verpflichtung. Reisen sind wieder möglich, Ausgehen, etwas erleben ...

Seit 9 Jahren versuchen wir den beiden Lebensmut und Lebensfreude zu schenken und seit 9 Jahren misslingt das regelmäßig. Was auch immer wir vorschlagen, sogar bezahlen – es scheitert. Selbst eine Reise, die Freunde organisiert und zum Großteil bezahlt haben, fiel ins Wasser. Und immer wird gejammert: „Immer nur ackern, ackern, ackern und nie kommt was dabei raus! Nie können wir uns was leisten ... blablabla!" Ich kann es nicht mehr hören! Doch habe ich das nie gezeigt oder gesagt, sondern habe immer Mut gemacht, habe darauf hingewiesen, was in den letzten Jahren alles erreicht wurde, welche Schulden erledigt sind.

Gemeinsam haben wir den Hof komplett neu gestaltet, haben ein Carport selbst gebaut, einen Schuppen, einen Hundezwinger. Zwei Gartenteiche angelegt, den alten Schuppen abgerissen. Das Dach, die Küche, das Wohnzimmer und das Schlafzimmer sind neu bzw. renoviert worden. Drei Autos, Fernseher und Soundanlage, Computer, Notebook und, und, und wurden in den 9 Jahren angeschafft oder erneuert – plus diverse Schulden erledigt, ebenso wie die Insolvenz.

Man schafft halt richtig was ... gemeinsam. Doch es ist nie genug. Naja, Hauptsache die Psychopharmaka gehen nicht aus ...

Aber ich bin ja der faule Sack, der sich nicht kümmert, der nix auf die Reihe bekommt, der schuld ist!

Doch die Realität sah ganz anders aus: Obwohl ich die Aufgabe hatte, mich ausschließlich um mich zu kümmern, konnte ich es nicht. Ich konnte nicht, weil meine Frau der Meinung war, sich komplett auf mich zu fokussieren, weil meine Stieftochter den Halt vermisste, weil Schwiegereltern ihre Probleme auf unsere Schultern abluden, statt das aufzufangen, was ich nicht mehr leisten konnte. Es lastete noch mehr auf meinen Schultern, das hatte ich bemerkt und angesprochen. DAS war der Grund für die Ablehnung. – Es ist nicht meine Aufgabe, euer Leben für euch schön zu machen und immer derjenige zu sein, der am Ende leer ausgeht. Wenn ihr das anders seht, sollte ich wohl verschwinden!

Doch nicht nur das ist in den letzten Wochen passiert: Ich wollte in der Firma meiner Frau mitarbeiten, das tue ich eh schon seit 2 Jahren, doch endlich ganz offiziell mit Lohn und so weiter.

Diese Idee hatte sie vor rund 10 Monaten. Es seien bisher nur nicht genug Mandanten, um das Gehalt abzudecken. Mit Unterstützung des Arbeitsamtes würde es jedoch gehen. Das war vor 10 Monaten, und vor 5 Wochen war die Aussage: Das Amt hätte maximal 6 Monate unterstützt, ich wäre inzwischen also arbeits- und mittellos, da das Arbeitslosengeld bei einem Gehalt von 600 € lächerlich ist.

Und nun erfahre ich auch noch, dass sie nicht einmal Werbung gemacht hat, um Neukunden zu gewinnen. Und als ich sagte, dass das doch Mal ganz anders besprochen war, hieß es, das sei ein Missverständnis gewesen. — Ich ver-

stehe zwar nicht, wie ich das falsch
verstanden haben soll, aber was
soll`s! War ja klar, dass es wieder
an mir lag. Was bin ich auch so blöd
und vertraue darauf, dass wir gemeinsam auf ein Ziel hinarbeiten.

 Also auch dieses Netz weg! Und ich
bin die ganze Zeit für euch alle da
und tu und mach und bekomme DAS zurück? – AUA!

They dedicate their lives
To running all of his
He tries to please them all
This bitter man he is
Throughout his life the same
He's battled constantly
This fight he cannot win
A tired man they see no longer cares
The old man then prepares
To die regretfully
That old man here is me
Unforgiven - Metallica - Black Album

So klingt es wieder in meinem Kopf.
Und das Ende der Geschichte ist noch
immer nicht erreicht.

Mir fiel auf, dass sie sich nicht mehr um sich kümmerte, weder um ihr Äußeres noch um ihr Kind noch um ihre Firma. Ihr Fokus lag explizit auf mir, obwohl ich nahezu täglich wiederholte, dass ich da allein durch muss und mir niemand wirklich dabei helfen könne, zumindest niemand aus der Familie.

Die schlimme Zeit war längst überstanden, seit Monaten geht es bergauf: Ich komme zurecht! Wenn ich Hilfe brauche, frage ich danach!

Sie verkrachte sich mit ihrer Freundin, die ebenfalls von Herrn S. fertiggemacht worden war, und fing an ihre Tochter und mich zu ihren Sündenböcken zu machen. Jeglicher Hinweis, jede Hilfe, einfach alles wurde als feindlich aufgefasst und entsprechend reagiert. — Meine kleine Schwester kam mit einer rettenden Idee um die Ecke. Sie wollte mit ihrem Freund für 9 Tage nach Kroatien ans Meer fahren und ich sollte mitkommen. Flug und Zimmer sind bezahlt.

Es war das beste, was ich im vergangenen Jahr getan habe. Hier konnte ich Kraft tanken, den Kopf endlich freikriegen und wieder Mut fassen, mein Leben in die Hand zu nehmen. Ich war keine zwei Tage zu Hause, als ich schon wieder Fluchtgedanken hatte. Meine Frau hatte bemerkt, wie viel ich die ganze Zeit geleistet habe und wie anstrengend das gewesen war.

Als ich wieder da war, landete natürlich wieder alles auf meinen Schultern. Und dann kam auch noch Stress mit zahlungssäumigen Kunden dazu, in den ich prompt hineingezogen wurde. – In Kroatien hatte ich Energie getankt, hatte neue Ideen, wie es weitergehen soll, den Drang an meinem Buch weiterzuschreiben ... Das war alles wie weggeblasen. Die Akkus waren leer, schon wieder Sündenbock und nicht eine Zeile geschrieben. Keine Bewerbung fertig, kein Antrieb mehr und irgendwie fühlte es sich so an wie letztes Jahr, als Herr S. mich so behandelte. Und plötzlich kommt der

Gedanke: „Ich will doch nur nach Hause!" Diesmal gefolgt von: „Mach NEU!"

Verzweiflung ...

Neu machen, schon wieder bei null beginnen. Neue Freunde, neues Umfeld, neue Arbeit ... neue Familie? Neun Jahre geackert wie ein Tier, ein Haus mitgebaut und mitbezahlt, den Hof mitgestaltet, das Kind erzogen, ihre Firma groß gemacht ... und am Ende gehe ich 9 Jahre älter, arbeitslos, keine Freunde, keine Möbel, gar nichts, außer meinen Krebsen, Fotos und Erinnerungen!

Genau das will ich nicht! Nicht schon wieder! Ich liebe meine Frau und meine Tochter! Ich liebe unser kleines Heim, unsere Kaninchen, Fische, Krebse und Hunde. Ich will nicht schon wieder weg müssen!

ICH WILL NICHT!! MANNO, WARUM IMMER ICH?

Doch will ich an einem Ort bleiben, wo man sich auf meine Kosten ausruht, wo jede Verbesserung (Lösung von alten Problemen, wie z. B. Schulden) von mir motiviert und für die ich als Arsch abgestempelt und behandelt wurde? Hier habe ich keine Freunde, in knapp zehn Jahren nicht eine Person, die Interesse gehabt oder geweckt hätte. Hier ist der Arbeitsweg mindestens 50 km lang. Hier sind zwei Energievampire. Hier hat man mir nicht geglaubt, als Herr S. mich fertigmachte. Hier hat man mir nicht geglaubt, als Schwiegervater mich ausgrenzte. Hier habe ich meinen Kinderwunsch begraben müssen, um mit der Frau zusammen zu sein.

Hier habe ich viel Unterstützung erhalten und wurde noch mehr ausgelaugt. Hier war ich insgesamt 7 Jahre der Rücken der Familie. Und immer wenn ich nicht mehr konnte, war ich der Arsch! Ja, auch deshalb, weil ich mich damals so verhielt. Doch heut ist das nicht mehr so, trotzdem bin ich der Arsch!

Klar, hier habe ich auch schöne Weihnachten und Ostern erlebt. Habe ein Haus gebaut und meine Liebe zur Aquaristik entdeckt. Hier habe ich viele schöne Tage erlebt, und ich habe viel gelacht. Hier kann ich mir noch immer vorstellen, alt zu werden. Doch nicht mehr auf meine Kosten! Ich will auch mal bekommen und nicht nur die Krümel! ICH HABE ES MIR DOCH VERDIENT!

Mache ich mir schon wieder etwas vor? Oder steigere ich mich in etwas hinein? Geht das noch zu retten oder vergeude ich nur Zeit und Energie?

Haudegen-Großvater sagt:
Dieser Tisch ist reich gedeckt,
nur ich bekomm kein Stück?
Ich grabe hier nach dem Gold.
Auch wenn ich nix finde,
um aufzugeben bin ich zu stolz!

Diese Unsicherheit lähmt mich.
Diese Fragen quälen mich täglich.
Diese Situation macht mich fertig.

Ich will nicht gehen, doch wenn ich wüsste, dass es das richtige für MICH ist, noch heute. Ich will nicht bleiben, doch wenn ich wüsste, dass es das Richtige für MICH ist, für immer. Noch vor wenigen Wochen hatte ich

diese Zweifel nicht! Noch vor einem
Jahr hatte ich ein tolles Leben! Noch
vor einem Jahr war die Welt in Ordnung! Doch es ist halt viel passiert
in diesem Jahr!

Ende

Heute! – Heute sitze ich vor der Tastatur, schreibe mein Leben auf und bekämpfe mit aller Macht die Gedanken: „Ich kann und will nicht mehr! Eine schöne lange Klinge direkt ins Herz! Mund auf und eine 9-mm-Kopfschmerztablette durch den Rachen ins Kleinhirn!"

Heute bin ich genauso verzweifelt wie vor einem Jahr! Damals verlor ich „nur" Job und Freunde. Ich fühle mich belogen und betrogen vom Leben, von Gott, vom Universum und am meisten von den Menschen, die mir nahe sind. Heute weiß ich, wie schlecht die Karten waren, die man mir gab, und wie viel ich aus dem Scheiß-Blatt gemacht habe. Heute bin ich stolz auf mich, auf meine Leistungen und meinen Weg. Und dennoch habe ich auch heute den Gedanken: „Wenn ich nicht da bin, kann nix passieren", verkrieche mich in mein Büro, schließe die Tür und weine leise. Denn wenn wir mal ehrlich sind, bevor unsere Moral greift, sind uns alle anderen egal ... und wir merken erst, was wir an ihnen hatten, wenn sie weg sind! Doch muss ich immer erst gehen, damit mein Wert erkannt wird? Ich wünschte, ich könnte hinter den folgenden Worten stehen.

Niemand kann seine Schritte teilen
und sie einem andern geben.
Man muss nicht überall bleiben,
man muss nicht immer gehn.
Man kann nicht vor sich selber flüchten,
man kann nur für sich selber stehn.
Und sollte sich vor gar nix fürchten,
es gibt keinen Grund nicht nach vorne
zu sehn.
(Xavier Naidoo,Cool Savas - Ich schau nicht mehr
zurück)

Und dennoch habe ich ANGST! Angst, wieder in meinen Teufelskreis zu geraten, wieder alles von vorne zu beginnen, nur um irgendwann festzustellen, dass ich schon wieder alles NEU machen darf!

Diese Angst lähmt, diese Angst quält. Es ist die Angst vor MORGEN! Doch je mehr ich das GESTERN verstehe, desto mehr lebe ich HEUTE und desto mehr Macht bekomme ich von der Angst zurück!

Je mehr ich erkenne, dass immer, wenn ich mich auf andere verließ, ich der Verlassene war, desto kleiner wird die Angst vor Menschen, auch wenn die Abneigung steigt!

Folgende Zeilen waren als ursprüngliches Ende vorgesehen: Jeder kräht nach Familie, aber dafür etwas tun wollen die wenigsten. Jeder will mit jemandem sein Leben verbringen, doch an gemeinsame Absprachen halten sich die wenigsten. Und die geholfen, gehofft und gewartet haben sind diejenigen, die den Arschtritt abbekommen, denen mangelnde Eigenverantwortung vorgeworfen wird ...

Ja, es lag in meiner Verantwortung rechtzeitig zu gehen. Ich hätte weder warten noch helfen sollen. Ich hätte an dem Stuhl eines Freundes sägen und Menschen, die mir wichtig waren, im

Stich lassen sollen, dann hätte ich mir viel Leid erspart und so etliche Arschtritte nicht bekommen.

Ja, MEIN Leben wäre besser gewesen und vermutlich einsamer, denn echte Freunde gehen durch dick und dünn. Alle anderen sind weg, sobald es mal hart wird ...

Ich finde dieses Bild hässlich und falsch: Die ARSCHNASEN hätten ja auch mal DANKBAR sein und das was sie bekommen haben auch mal zurückgeben können, statt sich feige zu verpissen oder mit Schuldzuweisungen um sich zu werfen. – Ist nämlich AUCH Eigenverantwortung! Und entspricht zufällig auch dem, was jeder von uns mal konnte und was die meisten im Laufe ihres Erwachsenenlebens ablegen ... Mit Beschiss und Vitamin B kommt man halt weiter als mit Ehrlichkeit und harter Arbeit, zumindest in der Bananenrepublik Deutschland!

Doch es ist weder meine Aufgabe noch mein Wunsch, durch die Straßen zu rennen und die Menschen zum Guten zu bekehren. Wir leben halt in einer

Welt, in der immer weniger Werte existieren und ernst genommen werden. – Courage und Ehrgefühl, die gibt es, wenn überhaupt, nur noch in den Armeen. Dabei hat jeder von uns genau DAS in sich. Denn wir entscheiden, WER wir sind! Wir entscheiden, ob wir feige wegsehen, wenn Kinder verprügelt werden ... Danke liebe Nachbarn aus der Nogatstrasse 33/34! – Wir entscheiden, ob wir geliebte Menschen im Stich lassen ... Danke liebe D.! – Wir entscheiden, ob wir uns auf dem Rücken anderer Menschen ausruhen ... Danke an euch alle, die ihr mittels meiner Kraft euren Vorteil erlangt habt und mir in den Arsch getreten habt, als ich nicht mehr konnte. Seid froh, dass ich keine Lust habe eine lange Liste zu schreiben! Wie ich schon sagte, es geht nicht um Rache! Andere zu bekehren, das ist nicht mein Ding.

Für andere zu leben, das gibt nur `n Arschtritt und kostet Kraft. Und nur für mich leben, das habe ich nie gekonnt!

Inzwischen tue ich das, was ich zu tun habe – ich sorge dafür, dass es mir gut geht. Meine Krebse und Garnelen geben mir viel Ruhe, die Pflege der Aquarien hilft mir diszipliniert und fokussiert zu bleiben.

Seit Kroatien „stehe" ich jeden Morgen die 8 Brokate. Regelmäßige Therapie und Körperarbeit und vor allem der VERZICHT auf Psychopharmaka helfen sehr. Doch vor allem hat mir das Schreiben dieses Buches extrem geholfen. Ich habe mir den ganzen Scheiß von der Seele geschrieben und erkenne mit jeder neuen Zeile, wann und wo meine „Programmierung" griff. Und ich denke, dass ich immer schneller und öfter erkenne. Mein Denken und Fühlen wird mit jedem Tag freier.

Letztendlich war ich immer nur ein Gefangener meiner Vergangenheit, welche sich permanent wiederholte, weil ich Hauptdarsteller meines eigenen Stückes war. Doch glücklicherweise bin ich auch der Drehbuchautor, und wenn das Leben öfter mal den Schluss umschreiben kann, warum dann nicht auch ich? Es heißt doch: *Hilf dir selbst und dir wird geholfen!*

Es ist in unserer heutigen Welt jedoch immer schwerer für sich da zu sein. Alles wird immer schneller und jeder giert nach mehr. Smartphones und Gesichtsbücher entfremden mehr als sie zusammenführen. Und Freizeit ist zum Shoppen und Zocken mutiert. Schöne neue Welt!

Danke für Ihre Zeit!

Leben Sie wohl!

Und vielleicht nehmen Sie sich ein bisschen mehr Zeit für jene, die sie brauchen, denn so wie die Eltern von Gestern die Verantwortung für den Lehrkräftemangel von Heute tragen, so tragen die heutigen Chefs, Abteilungsleiter und andere Führungspersonen die Verantwortung für die immer höheren Zahlen von psychischen Erkrankungen am Arbeitsplatz! Eine Gesellschaft funktioniert nicht wirklich gut, wenn sie nur aus Einzelgängern besteht, wenn jeder lediglich seine Gier zu befriedigen versucht und völlig achtlos an seinen Mitmenschen vorbeigeht.

Epilog

Dieser Schluss wäre zu dem Zeitpunkt auch genau richtig gewesen. Denn genau so fühlte ich mich.

Ich war „auf dem Weg", bin es noch immer. Doch zwischen dem Schreiben der letzten Zeilen und der Veröffentlichung ist noch einiges passiert, was mir half einen weiteren Schritt auf meinem Weg zu gehen. Meine Schwester bot sich an, dies hier zu korrigieren.

Toll, oder?

Mein Bauchgefühl war anderer Meinung! Ich sagte dennoch: „Ja!" Ich wollte nicht, dass sie sich mies fühlt, dass sie denkt, ich traue ihr nichts zu oder glaube nicht daran, dass sie es hinbekommt. – Und ich war direkt wieder Superman! Es ging nicht mehr um MEIN BUCH! Es ging wieder um FAMILIE!

Natürlich ging das nach hinten los ..., wie immer. Denn um Familie zu haben, ließ ich wie immer zu, was mir nicht gefiel: Die Korrektur auf Papier hilft mir zwar, bin ich auch dankbar für, macht mir aber auch Mehrarbeit. Ich muss es abtippen, und wenn ich dabei etwas übersehe oder „verschlimmbessere" ...

„Naja, egal! Sag nix, sei dankbar und mach dich an die Arbeit, in ein paar Tagen bist du durch und gut ist es", dachte ich mir. – Es kam natürlich anders. Am nächsten Morgen las ich eine Mail meiner Schwester. Ich hatte nämlich weitere vier Seiten geschrieben, die sie noch nicht gelesen hatte. Sie wollte nicht als Korrektorin genannt werden, ohne diese vier Seiten gesehen zu haben.

Ja, dem stimme ich zu! Sofort, kann ich verstehen, alles gut! Doch ihre Mail bestand (leider) aus mehr als nur den ersten beiden Absätzen.

In den folgenden Absätzen steigerte sie sich in ihre Wut und entlud diese an mir. Dabei nutzte sie alles Gelernte, und ich fand sowohl IHN als auch SIE in den Zeilen wieder, getarnt in den Worten meiner Schwester. Warum ich mir von Leuten, die selbst

keinen Führerschein haben, das Auto-
fahren beibringen lassen will? Warum
ich mich durch Lob und Anregungen
blenden ließe? Eine Drei sei keine
Zwei und erst recht keine Eins (kommt
mir irgendwie bekannt vor) ...

Ich war schon wieder der Fußabtreter! DIESMAL FÜR MEINE KLEINE NINA. –
AUA!! Klasse! Ein Arschtritt von jemandem, der ebenso wie ich keine Ahnung vom Bücherschreiben hat, der
Menschen runterputzt die mehr Lebens-
erfahrung haben, der meine wunden
Punkte kennt und gezielt angreift.
„Jetzt klatscht dit glei, aber keen
Beifall!", hätte ich antworten sollen. Stattdessen reagierte ich wieder
gütig. Und seitdem herrscht Funkstil-
le. – Und in mir ist unendlich viel
Schmerz!

Ich wollte nur geliebt werden, ohne
Wenn und Aber. Ich wollte gesehen
werden, ohne (Vor-)Urteil. Und ich
wollte gehört werden, ohne meine
Stimme erheben zu müssen. Das alles
bekomme ich nicht, auch wenn ich es
dreimal gebe, hundertmal vorlebe,

tausendfach verschenke ... Ich kann
das nicht bekommen, weil ich es nicht
einfordere! Aber ich stelle mich
nicht hin und sage: „Sorry, ich möchte das SO nicht!" Ich tue das nicht,
weil ich das nie gelernt habe bzw.
dafür bestraft wurde, wenn ich es
doch tat. Trotz aller Erfahrungen,
Erkenntnisse und Therapien, bin ich
schon wieder auf mich selbst herein-
gefallen. Doch auch diese „Blase" ist
nun geplatzt! Mal gucken, wie viele
noch übrig sind.

Seit ich vor mehr als dreizehn Jahren mit dem Schuldenberg und einem
Trümmerhaufen sitzen gelassen wurde,
habe ich an Rache gedacht und dieses
Gefühl verinnerlicht. Genaugenommen
lebe ich mit diesem Gefühl. – „Ich
werde es allen zeigen, die jemals auf
mir herumgetrampelt sind!" Das habe
ich gemacht! Ich habe bereits mit einem Jahr einen Baum gepflanzt, erfolgreich zwei Kinder großgezogen,
habe ein Haus gebaut, ein dickes Auto.

„Seht ihr? Ihr verfluchten Arschnasen da draußen ... Könnt ihr es sehen?" – Und es antwortet mir nur Stille!

Jetzt sehe ich den Fehler im Bild! Erfolg ist nicht materiell, nicht einmal ideell. Erfolg ist egoistisch!

Ich bin erfolgreich, wenn ich frei bin, unverbogen und auf meine Gefühle höre!

Und was bisher unerwähnt blieb, ist die Frage: Was will ICH? – Natürlich alles, was ich erwähnte. Doch dieser Wunsch war der eines Kindes, das nie gewachsen ist. Anfangs von der Mutter in Ketten gelegt, später durch sich selbst! Doch inzwischen weiß ich, dass ich der Erwachsene geworden bin, den ich mir damals in meiner Verzweiflung gewünscht habe. Dieser Chrille hat natürlich noch immer die Sehnsucht nach Familie, nach reiner und uneingeschränkter Liebe ... nicht pragmatisch, sondern idealistisch. Der hat schon `ne Menge mehr gesehen und erlebt und hat Lust auf mehr.

Er erinnert sich an seine ungelebten Träume und sieht, dass sie noch immer erreichbar sind. ICH erinnere und sehe ...

An meinem Kraftort, der Insel Pag, leben und arbeiten. Gastgeber sein ..., die Schönheit der Insel mit meinen Gästen teilen, ihnen einen tollen Urlaub ermöglichen.

Ich möchte in der Stadt leben, lieben und arbeiten, in die ich mich auf den ersten Blick verliebte: Graz!

Ich möchte mit meiner Frau das Mittelmeer auf dem Motorrad umrunden. Anhalten, wo es gefällt, und verweilen. Und den einzig wahren Luxus, nämlich die Freiheit genießen. – Doch noch Papa werden ...

Das alles hatte ich bereits begraben. Einiges vor 13 Jahren, anderes erst vor wenigen Jahren. Und ich habe es betrauert und beweint.

Manchmal muss man scheinbar auf die Fresse fallen, damit man durch den Schmerz erkennt, warum das passierte. Wenn man das annimmt, wird man erkennen, wann man wo und vor allem wie falsch abgebogen ist. Das gibt einem die Chance, etwas zu ändern ..., SICH und seine Einstellung!

ICH bin die Wurzel meines Lebens! Ich stehe mir im Weg oder erlaube es anderen! Ich kann noch immer alles erreichen, was ich mir mal erträumte und worauf ich mal hingearbeitet habe. Natürlich nur, wenn ich den Mut habe mich in die Richtung zu drehen und den ersten Schritt zu tun, wenn ich bereit bin, den Schmerz anzunehmen und meine „Komfortzone" zu verlassen.

Klar habe ich Angst. Wer hätte die nicht? Ich stehe vor einem „Mach neu!" in wirklich allen Lebensbereichen. Das hat schon was von `nem achtzehnbeinigen Elefanten auf einem Einrad, der zwölf Teller auf drei Essstäbchen balanciert. Aber das kriege ich schon hin, ist ja nicht mein erstes Mal. Und bisher hatte ich immer nur Angst davor, dass es nicht mein letztes Mal sein wird.

Doch was ist denn so schlimm daran? Man verliert das Alte, das Gewohnte, das Bequeme und weiß nicht, was man bekommt ... Es könnte ja schlimmer sein, als das Bisherige.

Ja, könnte es! Doch wenn dich das jetzt schon auffrisst, was hast du dann noch zu verlieren? Ein Leben, das dem Herzen folgt und deine Wünsche und Sehnsüchte annimmt, ist lebenswert.

In der letzten Stunde bereuen wir, was wir NICHT getan haben. Ich habe noch ein Leben vor mir. Es tut weh, so viele ungelebte Emotionen zu erkennen und zu beweinen!

„Wer nicht mit sich in Berührung kommt, der lässt sich von außen bestimmen. Das ist es, was uns krank macht!" *(Pater Anselm Grün)*

„Jeder Hass auf diese Welt ist auch Hass auf sich selbst!", singt Moses Pelham in: *Ich lasse dich nicht zurück!*

Vielleicht schaffe ich es irgendwann auch, zu vergeben und so Frieden zu finden.

Gutes Sein!